Revisão Contratual
e Negócios Processuais

Revisão Contratual e Negócios Processuais

2019

Pedro Ivo Gil Zanetti

REVISÃO CONTRATUAL E NEGÓCIOS PROCESSUAIS
© Almedina, 2019
AUTOR: Pedro Ivo Gil Zanetti
DIAGRAMAÇÃO: Almedina
DESIGN DE CAPA: FBA
ISBN: 9788584934959

Dados Internacionais de Catalogação na Publicação (CIP)
(Câmara Brasileira do Livro, SP, Brasil)

Zanetti, Pedro Ivo Gil
Revisão contratual e negócios processuais /
Pedro Ivo Gil Zanetti. -- São Paulo : Almedina, 2019.

Bibliografia.
ISBN 978-85-8493-495-9

1. Contratos (Direito civil) 2. Processo civil
3. Processo civil - Brasil I. Título.

19-27325   CDU-347.9(81)

Índices para catálogo sistemático:

1. Brasil : Direito processual civil 347.9(81)
2. Brasil : Processo civil 347.9(81)

Cibele Maria Dias - Bibliotecária - CRB-8/9427

Este livro segue as regras do novo Acordo Ortográfico da Língua Portuguesa (1990).

Todos os direitos reservados. Nenhuma parte deste livro, protegido por copyright, pode ser reproduzida, armazenada ou transmitida de alguma forma ou por algum meio, seja eletrônico ou mecânico, inclusive fotocópia, gravação ou qualquer sistema de armazenagem de informações, sem a permissão expressa e por escrito da editora.

Junho, 2019

EDITORA: Almedina Brasil
Rua José Maria Lisboa, 860, Conj.131 e 132, Jardim Paulista | 01423-001 São Paulo | Brasil
editora@almedina.com.br
www.almedina.com.br

Ao meu avô Gregório (*in memorian*), cujos ensinamentos transcendem a sua existência terrena.

AGRADECIMENTOS

À minha família, sem cujo apoio incansável eu jamais atingiria meus objetivos;

Aos meus amigos e colegas de trabalho e estudo, que sempre contribuíram com bons debates e reflexões;

Aos professores, orientadores e todos aqueles que contribuíram direta ou indiretamente para a conclusão da monografia que deu origem a este trabalho;

Minha eterna gratidão!

NOTA DO AUTOR

A expansão do Negócio Processual é considerada uma das grandes inovações do Código de Processo Civil de 2015. Além de ampliar as hipóteses de negócios processuais típicos, o CPC/2015 introduziu a possibilidade de celebração de negócios processuais atípicos, prestigiando a autonomia privada das partes litigantes e concedendo-lhes maior protagonismo no processo judicial.

O livro aborda, sob uma perspectiva prática, as possibilidades e limitações dos negócios processuais como ferramenta de promoção da eficiência contratual e de suporte à revisão contratual pelos Tribunais.

A análise parte da teoria econômica do contrato incompleto, que trata da impossibilidade empírica de se prever todos os elementos e circunstâncias que podem afetar um contrato e da consequente necessidade de readequação ou revisão de seus termos ao longo de sua execução. Discute-se, então, o potencial dos negócios processuais para reduzir custos de transação, viabilizar um processo mais célere e eficiente e gerar maior segurança jurídica.

Após, o trabalho traz um rol de propostas de uso concreto da ferramenta em diversas fases e aspectos do processo judicial. Por fim, discute-se o papel dos Tribunais em relação aos negócios processuais e a jurisprudência em formação.

SUMÁRIO

AGRADECIMENTOS 7

1. INTRODUÇÃO 13

2. PANORAMA DO NEGÓCIO JURÍDICO PROCESSUAL
   NO CÓDIGO DE PROCESSO CIVIL DE 2015 19

3. LIMITES E CONDIÇÕES PARA O NEGÓCIO JURÍDICO
   PROCESSUAL 23
   3.1. Submissão às Regras Aplicáveis aos Negócios Jurídicos em Geral ... 25
      3.1.1. Plano da Existência 26
      3.1.2. Plano da Validade 26
      3.1.3. Plano da Eficácia 28
   3.2. Autonomia Privada vs. Direitos Fundamentais 29
   3.3. Boa-fé, Cooperação e Equilíbrio entre as Partes 33
   3.4. A (In)Disponibilidade do Direito Material. Limitação
        aos Processos que Versem sobre Direitos que Admitam
        Autocomposição 37
   3.5. Negócios Processuais que Versem sobre Poderes do Juiz
        e Normas de Organização do Poder Judiciário 39
   3.6. Negócios Processuais Inseridos em Contratos de Adesão 40
   3.7. Negócios Processuais Inseridos em Contratos de Consumo 42

4. O CONTRATO INCOMPLETO 47
   4.1. Incompletude Jurídica vs. Incompletude Econômica 48
   4.2. As Motivações da Incompletude Contratual 50

   4.2.1. Os Custos de Transação   50
   4.2.2. A Racionalidade Limitada dos Contratantes e a Assimetria de Informação   53
   4.2.3. A Longa Duração do Contrato: Contratos de Execução Continuada ou Diferida   54
  4.3. A Revisão Contratual no Âmbito do Contrato Incompleto   55
   4.3.1. Fundamento Jurídico da Revisão de Contratos Incompletos: Teoria da Imprevisão?   56

5. O NEGÓCIO JURÍDICO PROCESSUAL COMO FERRAMENTA DE SUPORTE À REVISÃO CONTRATUAL   61
  5.1. A Viabilização de um Processo mais Célere e Eficiente   63
  5.2. A Redução dos Custos de Transação   64
  5.3. A Importância dos "Considerandos"   67
  5.4. Propostas de Uso e Exemplos Concretos   68
   5.4.1. Organização do Processo: Prazos, Calendário, Saneamento e Julgamento Antecipado   69
   5.4.2. Produção e Valoração de Provas   78
   5.4.3. Limitação a Recursos   84
   5.4.4. Liquidação, Execução e Cumprimento de Sentença   86
   5.4.5. Custas Processuais e Honorários Advocatícios   88

6. O PAPEL DOS TRIBUNAIS   91
  6.1. O Juiz como Fiscal e Incentivador dos Negócios Jurídicos Processuais   93
  6.2. Os Negócios Jurídicos Processuais com Eficácia Condicionada à Homologação   94
  6.3. A Jurisprudência Nacional em Formação   95
  6.4. A Recorribilidade das Decisões que Neguem Eficácia ou Reconheçam a Invalidade dos Negócios Jurídicos Processuais   100

7. CONCLUSÃO   105

8. REFERÊNCIAS   109

9. REFERÊNCIAS COMPLEMENTARES   115

10. LEGISLAÇÃO E JURISPRUDÊNCIA   117

1. Introdução

Em linhas gerais, o instituto do Negócio Jurídico Processual, da Convenção Processual ou, simplesmente, do Negócio Processual, pode ser definido como a possibilidade de as partes de um processo judicial existente ou potencial convencionarem sobre deveres, ônus, poderes e faculdades processuais, flexibilizando e moldando o processo civil às particularidades daquele processo e da relação de direito material a ele subjacente.

A expansão desse instituto é considerada uma das grandes inovações do Novo Código de Processo Civil Brasileiro (Lei nº 13.105/2015 – "CPC/2015"), inaugurando o que alguns autores chamam de *"nova era"* do direito processual brasileiro[1].

Diz-se *"nova era"* porque, embora o autorregramento da vontade das partes (autonomia privada) na esfera processual já estivesse presente no Código de Processo Civil revogado (Lei nº 5.689/1973 – "CPC/1973"), tal código adotava uma concepção publicista do processo, conferindo protagonismo à figura do Juiz. Para os críticos, esse modelo partia de uma cultura processual paternalista e repressora da autonomia das partes[2].

---

[1] Nesse sentido, YARSHELL, Flávio Luiz. **Convenção das partes em matéria processual: rumo a uma nova era?**. *In* Negócios Processuais, Coleção Grandes Temas do Novo CPC. Coord. Antonio do P. Cabral e Pedro H. Nogueira. Salvador, JusPodivm, 2015, pp. 63/80.

[2] Robson Renault Godinho destaca a intolerância e a resistência à aceitação da autonomia privada no processo civil estatal, não obstante o processo civil inicie-se por um ato volitivo da parte: GODINHO, Robson Renault. **A autonomia das partes e os poderes do juiz entre o privatismo e o publicismo do processo civil brasileiro.** *In* Civil Procedure Review, v. 4, n.1, 36-86, jan-abr, 2013.

Reconhecendo que o modelo processual adotado pelo CPC/1973 não mais atendia ao contexto social e ideológico atual, o CPC/2015 buscou *"detectar as barreiras para a prestação de uma justiça rápida"* e *"legitimar democraticamente as soluções"*[3] que introduziu com a finalidade de transpor tais barreiras. A expansão das hipóteses de negócios jurídicos processuais surgiu, portanto, como uma das soluções propostas pelo CPC/2015 para combater a lentidão do Poder Judiciário brasileiro e desafogar os Tribunais, que, a cada ano, deparam-se com um número sempre crescente de processos.

Para atingir referido objetivo, o CPC/2015 introduziu um novo paradigma e, adotando um modelo híbrido, diminuiu o protagonismo judicial e conferiu maior prestígio à autonomia privada das partes litigantes. Afinal, se o processo judicial é instaurado por iniciativa e no interesse das partes, nada é mais lógico do que permitir sua interferência nas *"regras do jogo"*.

Há, portanto, um afastamento do CPC/2015 em relação ao hiperpublicismo processual que dava a tônica do CPC/1073 e que contribuiu para a sobrecarga dos Tribunais e para a desconfiança dos jurisdicionados no Poder Judiciário[4].

Antonio Do Passo Cabral faz um bom resumo das razões que justificam essa mudança de paradigma:

> [...] o hiperpublicismo, com a inflação dos poderes judiciais, levou a uma descompensada distribuição de poderes no processo. O inchaço dos poderes do magistrado, nota mais sensível do publicismo exacerbado, sufocou as prerrogativas das partes, alimentando a premissa não justificada de que a solução para o conflito judicializado só pode ser tomada pelo Estado-juiz ao aplicar normas legisladas.

---

[3] Brasil, Congresso Nacional, Senado Federal. **Anteprojeto do Novo Código de Processo Civil**, 2010.

[4] O Relatório ICJBrasil, produzido pela Fundação Getúlio Vargas, aponta de forma reiterada que a população considera o Judiciário lento, caro e difícil de utilizar: "Esse diagnóstico tem se repetido ao longo dos anos. A principal dimensão que afeta a confiança no Judiciário é a morosidade na prestação jurisdicional. No primeiro semestre de 2017, 81% dos entrevistados responderam que o Judiciário resolve os casos de forma lenta ou muito lentamente. O custo para acessar a Justiça também foi mencionado por 81% dos entrevistados. E 73% dos entrevistados declarou que é difícil ou muito difícil utilizar a Justiça" (Fundação Getúlio Vargas, **Relatório ICJBrasil**, 1º semestre/2017, p. 16).

[...]
Ora, com todas as vênias, trata-se da herança de uma visão heroica do juiz como um oráculo divino que revelaria a verdade e expressaria a 'vontade da lei'.
Entendemos que tal concepção é absolutamente inadequada. Apesar do caráter público do processo, não se devem desconsiderar os interesses privados existentes não só no campo do direito material, mas também no processo.[5]

O CPC/2015 derroga, portanto, o protagonismo exacerbado do Juiz, que passa a dividir com as partes, em maior medida, os poderes e prerrogativas processuais. Fala-se, portanto, em um modelo cooperativo de processo, no qual as partes, embora litiguem entre si, cooperam na definição das regras pelas quais o litígio se regerá.
Sobre o tema, comenta TRÍCIA CABRAL:

[...] o litígio em si não deve ser confundido com a sua forma de resolução. Assim, ainda que as partes tenham absoluta discordância sobre as questões de direito material formadas, não há óbice de que tentem, de forma racional e objetiva, chegar a um consenso em matéria processual, por meio de uma convenção capaz de facilitar e acelerar o procedimento, no interesse de todos os sujeitos processuais.[6]

Não há dúvida de que se está diante de uma importante mudança no direito processual brasileiro. Entretanto, essa alteração trará reflexos igualmente importantes no âmbito do direito contratual. Isso porque o negócio jurídico processual não necessariamente será firmado no âmbito de um litígio já existente. Ao contrário, as partes de um contrato podem, desde a sua formação – quando ainda não há um litígio e, consequentemente, há uma maior disposição para a cooperação – estipular um modelo processual mais adequado às particularidades do caso concreto:

---

[5] CABRAL, Antonio do Passo. **Convenções Processuais**. Salvador, JusPodivm, 2016, pp. 136/137.
[6] CABRAL, Trícia Navarro Xavier. **Convenções em Matéria Processual**. *In* Revista de Processo, v. 40, n. 241, março/2015, São Paulo, p. 513.

[...] a convenção pode ser feita em um instrumento autônomo, como um contrato atípico (art. 425, do CC), ou então ser parte integrante de um negócio jurídico mais amplo. Nesse passo, em regra, a disposição extrajudicial em matéria processual admite variados formatos, sem prejuízo de que lei posterior crie novas formas ou restrições.[7]

Por essa razão, embora não se ignore a possibilidade e a importância dos negócios jurídicos firmados após o início do processo judicial, o objetivo deste trabalho é o de analisar como a possibilidade de contratar a respeito de procedimento pode ser útil para o direito contratual, sobretudo no âmbito de contratos de execução continuada ou diferida. Portanto, este trabalho terá enfoque nos negócios jurídicos processuais inseridos em um contexto contratual, seus efeitos *ex lege* e *ex voluntate*, suas limitações e sua importância como ferramenta de suporte à reficiência e à revisão contratual.

Para proceder à referida análise, o trabalho levará em conta a profunda relação que o conceito jurídico de contrato possui com a economia. ENZO ROPPO, em sua obra clássica *"O Contrato"* já tratava da diferenciação do contrato enquanto operação econômica e conceito jurídico, apontando que a substância real de um contrato será sempre uma operação econômica. ROPPO menciona a existência de hipóteses em que:

> [...] com o termo 'contrato' não se referem tanto às operações econômicas concretamente realizadas na prática, mas mais àquilo que podemos chamar a sua formalização jurídica [...]. Esta formalização jurídica dá vida a um fenômeno que está indiscutivelmente dotado, no plano lógico, de uma autonomia própria [...]: a não ser assim, não faria sentido pensar a própria existência de uma ciência do direito.

> Mas se isto é verdade – e se, consequentemente, se pode e se deve falar do contrato-conceito jurídico, como de algo diverso e distinto do contrato-operação econômica, e não identificável pura e simplesmente com este último – é, contudo, igualmente verdade que aquela formalização jurídica nunca é construída (com os seus caracteres específicos e peculiares) como fim em si mesma, mas sim com vista e em função da operação econômica,

---

[7] CABRAL, Trícia Navarro Xavier. **Convenções em Matéria Processual**. *In* Revista de Processo, v. 40, n. 241, março/2015, São Paulo, p. 508.

da qual representa, por assim dizer, o invólucro ou a veste exterior, e prescindindo da qual resultaria vazia, abstrata, e, consequentemente, incompreensível: mais precisamente, com vista e em função do arranjo que se quer dar às operações econômicas, dos interesses que no âmbito das operações econômicas se querem tutelar e prosseguir. (Neste sentido, como já se referiu, o contrato-conceito jurídico resulta instrumental do contrato-operação econômica).[8]

Se, por um lado, as ciências do direito e da economia são independentes, por outro, seus respectivos campos de estudo apresentam profunda correlação. Como visto na lição de Roppo, o contrato é uma figura que sintetiza a correlação entre o direito e a economia, na medida em que representa um instrumento de operações econômicas.

Outros autores suportam essa posição, afirmando que o direito contratual fortalece os mercados, garantindo-lhes maior estabilidade e segurança. Essa é a visão de Nathan Oman:

Contract law supports markets. This does not mean that markets and contract law are co-extensive. Markets may not be natural, but they do not require law in order to exist. [...] Contract law, however, can strengthen and deepen markets. By limiting opportunism, lowering transaction costs, inculcating moral attitudes conducive to market exchange, and the like, contract law makes widespread exchange between strangers easier and more likely.[9]

Diante dessa íntima relação entre direito e economia, revela-se de suma importância a compreensão de como os vários aspectos do "*contrato-conceito jurídico*" impactam no "*contrato-operação econômica*" e vice-versa.

---

[8] Roppo, Enzo. **O Contrato**, Coimbra, Almedina, 2009, pp. 10/11.
[9] Oman, Nathan B. **Markets as a Moral Foundation for Contract Law**. *In* Iowa Law Review, vol. 98, 2012, p. 204. Em tradução livre: O direito contratual apoia os mercados. Isso não significa que os mercados e o direito contratual sejam coextensivos. Os mercados podem não ser naturais, mas não exigem lei para existir. [...] O direito contratual, no entanto, pode fortalecer e aprofundar os mercados. Limitando o oportunismo, diminuindo os custos de transação, inculcando atitudes morais favoráveis às trocas de mercado, e assim por diante, o direito contratual torna mais fácil e mais provável a troca generalizada entre estranhos.

Aí reside a razão de se analisar a figura do negócio jurídico processual, um aspecto do *"contrato-conceito jurídico"*, à luz das operações econômicas que justificam a sua utilização. Nesse contexto, ganha destaque a teoria econômica do contrato incompleto, que trata da impossibilidade empírica de se prever todos os elementos e circunstâncias que podem afetar um contrato em suas várias fases – sobretudo aqueles de execução continuada ou diferida.

A incompletude dos contratos impõe a necessidade de readequação ou revisão de seus termos ao longo de sua execução. Em um cenário ideal, esse processo de revisão ou readequação pode ser conduzido pelas próprias partes, motivadas pela cooperação e pela boa-fé. Há casos, porém, em que as partes não conseguem chegar a uma solução sozinhas, sendo necessário submeter a questão a terceiros, seja por meio de um processo judicial, de arbitragem ou, ainda, de conciliação ou mediação.

Assim, este trabalho tem por objetivo analisar o negócio jurídico processual enquanto uma ferramenta capaz de aumentar a efetividade e a celeridade da revisão de um contrato incompleto pela via judicial. Para tanto, o trabalho abordará as possibilidades de uso desse recurso e suas limitações, discutindo o papel dos Tribunais na análise dos negócios processuais e fornecendo um rol exemplificativo de negócios processuais úteis a contratos incompletos, sobretudo àqueles de longa duração.

2. Panorama do Negócio Jurídico Processual no Código de Processo Civil de 2015

A classificação doutrinária de fatos, atos e negócios jurídicos, normalmente aplicada quando se discute direito material, é igualmente aplicável aos negócios jurídicos processuais[10]. O fluxograma abaixo parte da classificação doutrinária aplicável ao direito material, adaptando-a para os fatos, atos e negócios jurídicos de natureza processual:

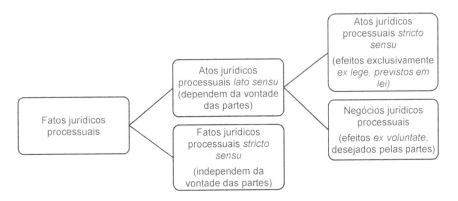

---

[10] No mesmo sentido: *"Em nosso entendimento, a sistemática existente na teoria do direito para o estudo dos atos jurídicos em geral pode ser transposta, em grande medida, para o direito processual, já que os atos do processo são, inegavelmente, espécies de ato jurídico"* (CABRAL, Antonio do Passo. **Convenções Processuais**. Salvador, JusPodivm, 2016, pp. 44/45).

Os negócios jurídicos processuais, portanto, são aqueles que nascem da autonomia privada, produzindo efeitos *ex lege* e *ex voluntate*. ANTONIO DO PASSO CABRAL fornece uma definição bastante clara e objetiva dos negócios jurídicos processuais:

> Negócio jurídico processual é o ato que produz ou pode produzir efeitos no processo escolhidos em função da vontade do sujeito que o pratica. São, em geral, declarações de vontade unilaterais ou plurilaterais admitidas pelo ordenamento jurídico como capazes de constituir, modificar e extinguir situações processuais, ou alterar o procedimento.[11]

Trata-se de um mecanismo legal que, concedendo maior protagonismo às partes, pretende introduzir um modelo processual mais democrático e eficiente, capaz de acelerar o curso do processo e, eventualmente, aliviar a sobrecarga que atinge o Poder Judiciário.

O CPC/2015 ampliou os negócios processuais típicos, mantendo aqueles já presentes no CPC/1973, como a eleição de foro e a suspensão convencional do processo e instituindo, por exemplo, o calendário processual (artigo 191[12]) e a redução convencional de prazos peremptórios (artigo 222, §1º[13]).

Mais importante, porém, foi a introdução, no artigo 190 do CPC/2015, de uma cláusula geral de negócios processuais, possibilitando que as partes estipulem outras mudanças no procedimento, ajustando-o às especificidades do caso concreto a partir de convenções sobre seus ônus, poderes, faculdades e deveres processuais, antes ou durante o processo:

> **Art. 190.** Versando o processo sobre direitos que admitam autocomposição, é lícito às partes plenamente capazes estipular mudanças no procedimento para ajustá-lo às especificidades da causa e convencionar sobre os seus ônus, poderes, faculdades e deveres processuais, antes ou durante o processo.

---

[11] CABRAL, Antonio do Passo. **Convenções Processuais**. Salvador, JusPodivm, 2016, pp. 48/49.
[12] "Art. 191. De comum acordo, o juiz e as partes podem fixar calendário para a prática dos atos processuais, quando for o caso."
[13] "Art. 222. [...] § 1o Ao juiz é vedado reduzir prazos peremptórios sem anuência das partes."

Parágrafo único. De ofício ou a requerimento, o juiz controlará a validade das convenções previstas neste artigo, recusando-lhes aplicação somente nos casos de nulidade ou de inserção abusiva em contrato de adesão ou em que alguma parte se encontre em manifesta situação de vulnerabilidade.

O artigo 190 do CPC/2015, ao introduzir a referida cláusula geral de negócios processuais, incorporou ao processo civil brasileiro a possibilidade de as partes firmarem negócios processuais *atípicos*.

Nesse sentido, destaca-se a lição de FREDIE DIDIER:

O negócio processual atípico tem por objeto as situações jurídicas processuais – ônus, faculdades, deveres e poderes ("poderes", neste caso, significa qualquer situação jurídica ativa, o que inclui direitos subjetivos, direitos potestativos e poderes propriamente ditos). O negócio processual atípico também pode ter por objeto o ato processual – redefinição de sua forma ou da ordem de encadeamento dos atos, por exemplos.

Não se trata de negócio sobre o direito litigioso – essa é a autocomposição, já bastante conhecida. No caso, negocia-se sobre o processo, alterando suas regras, e não sobre o objeto litigioso do processo. São negócios que derrogam normas processuais – Normdisposition, conforme designação de Gerhard Wagner.[14]

Por fim, vale destacar que o artigo 200 do CPC/2015 estabelece a imediata produção de efeitos pelos negócios processuais:

Art. 200. Os atos das partes consistentes em declarações unilaterais ou bilaterais de vontade produzem imediatamente a constituição, modificação ou extinção de direitos processuais.

Embora a produção imediata de efeitos pelos negócios processuais seja uma regra geral, a disposição do artigo 200 não impede que sejam firmados negócios processuais sujeitos a *condição*, como será discutido em maior detalhe nos capítulos 3.1.3 e 6.2, adiante.

A possibilidade de celebração de negócios processuais atípicos privilegia a autonomia das partes e amplia imensamente as hipóteses de al-

---

[14] DIDIER JR., Fredie. **Negócios jurídicos processuais atípicos no CPC-2015**. *In* Revista Brasileira da Advocacia, vol. 1, São Paulo, RT, 2016, pp. 59/86.

terações procedimentais de sua iniciativa. Isso não significa, porém, que os negócios processuais atípicos não encontrem limites. Ao contrário, como destacado por TERESA ARRUDA WAMBIER, "*não vigora, ipso facto, o 'vale tudo' processual. O negócio jurídico processual não tem, e nem deve ter, esta extensão*".[15]

---

[15] WAMBIER, Teresa Arruda Alvim *et al*. **Primeiros comentários ao Novo Código de Processo Civil – artigo por artigo**. São Paulo, RT, 2015, p. 356.

3. Limites e Condições para o Negócio Jurídico Processual

Não é difícil imaginar exemplos da utilidade dos negócios processuais para os contratos de longa duração e os contratos incompletos (na acepção econômica[16]), de forma geral. No entanto, o autorregramento da vontade das partes (autonomia privada) em matéria processual não pode ser ilimitado.

É necessário, portanto, examinar não apenas como e em quais hipóteses os negócios processuais serão úteis à revisão de um contrato incompleto, mas, também, até que ponto podem as partes contratar sobre o procedimento sem esbarrar em princípios fundamentais do direito processual civil.

A preocupação com os limites dos negócios processuais não é restrita ao Brasil. Diversos autores de países que admitem e estudam negócios processuais há mais tempo externam tal apreensão e já se debruçaram sobre o seu estudo. Cite-se, como exemplo, KEVIN DAVIS e HELEN HERSHKOFF, da New York University School of Law:

---

[16] A acepção econômica de incompletude contratual será discutida adiante, no Capítulo 4. Por ora, o contrato incompleto pode ser definido como aquele em que as partes livre e conscientemente deixam de disciplinar todas as possibilidades e eventualidades passíveis de surgir em sua execução.

> *We fear that the practice of contracting for procedure, if left unchecked, will expose the public system of courts, so 'central to our constitutional scheme', to the risk of 'incremental erosion.'*[17]

Loïc Cadiet, escrevendo a respeito do direito francês, classifica as convenções processuais em três grupos e comenta a sua facilidade ou dificuldade de aceitação pelos Tribunais. O autor diferencia as convenções processuais contratuais entre **(a)** cláusulas relativas ao exercício do direito de ação em si, tais como aquelas que estipulam competência ou prazo prescricional distintos daqueles previstos em lei; **(b)** cláusulas relativas à instância, entendidas como aquelas que definem a forma pela qual o processo se desenvolverá perante cada instância judicial; e **(c)** cláusulas relativas às provas (ônus e modos de realização)[18].

Cadiet conclui que as cláusulas relativas ao exercício do direito de ação em si seriam as mais facilmente aceitas pelos Tribunais franceses, porquanto o direito de ação é uma prerrogativa jurídica das partes; as cláusulas relativas à instância teriam menos chances de serem admitidas, porquanto, segundo o autor, o desenvolvimento do processo diz respeito ao Juiz e à função estatal por ele exercida, fugindo ao controle exclusivo das partes.

No Brasil, foi apenas após o advento do CPC/2015 que a doutrina passou a se concentrar no estudo do negócio processual e, consequentemente, de seus limites e condições de validade e eficácia. A jurisprudência, até o momento, pouco tem a acrescentar nesse ponto.

Somente o tempo será capaz de mostrar como a doutrina e a jurisprudência brasileiras consolidar-se-ão a respeito do tema. Dessa forma, este trabalho não tem por objetivo apresentar uma visão definitiva dos limites para a celebração de negócios processuais, mas, sim, de explorar os limites e condições por ora delineados.

---

[17] Davis, Kevin E. e Hershkoff, Helen. **Contracting for Procedure.** *In* William & Mary Law Review, vol. 53, n. 2, 2011, NYU School of Law, Public Law Research Paper No. 11-51, p. 51. Em uma tradução livre: Nós tememos que a prática de contratação sobre procedimento, se não for controlada, exporá o sistema público de tribunais, tão 'central para nosso esquema constitucional', ao risco de 'erosão incremental'.

[18] Cadiet, Loïc. **Los acuerdos procesales en derecho francés: situación actual de la contratualización del processo y de la justicia en Francia**, 2011, p. 13.

Nesse sentido, a doutrina já tem esboçado alguns desses limites a partir da submissão dos negócios processuais às regras aplicáveis aos negócios jurídicos em geral e do uso de princípios como o da boa-fé objetiva e o da garantia da paridade de armas. Assim, já existe alguma definição de garantias mínimas e direitos fundamentais processuais que não poderiam ser derrogados pela autonomia das partes por meio de negócios processuais.

3.1. Submissão às Regras Aplicáveis aos Negócios Jurídicos em Geral

As regras estabelecidas pela legislação civil para os negócios jurídicos em geral costumam ser discutidas apenas sob a ótica dos negócios jurídicos de direito material. Isso certamente é uma consequência do hiperpublicismo adotado pelo CPC/1973, que permitia hipóteses muito limitadas de negócios jurídicos de direito processual. Não obstante, os negócios processuais também se submetem às regras aplicáveis aos negócios jurídicos em geral.

Relevante, portanto, a análise dos negócios processuais nos três planos da chamada Escada Ponteana: existência, validade e eficácia[19]. Embora o artigo 104 do Código Civil Brasileiro enumere *requisitos de validade*, ele traz, de forma implícita, *elementos de existência*[20]:

Art. 104. A validade do negócio jurídico requer:

I – agente capaz;

II – objeto lícito, possível, determinado ou determinável;

III – forma prescrita ou não defesa em lei.

A seguir, os elementos elencados pelo artigo 104 do Código Civil Brasileiro serão endereçados conforme cada um dos três planos dos negócios jurídicos.

---

[19] Nas palavras de Antonio Junqueira De Azevedo, "plano da existência, plano da validade e plano da eficácia são os três planos nos quais a mente humana deve sucessivamente examinar o negócio jurídico, a fim de verificar se ele obtém plena realização" (AZEVEDO, Antonio Junqueira de. **Negócio jurídico – Existência, Validade e Eficácia**. 4ª ed., 6ª tiragem, São Paulo, Saraiva, 2008, p. 24.
[20] Nesse sentido, Nery Jr., Nelson e Nery, Rosa Maria de Andrade. **Código Civil Comentado**. 11ª ed., São Paulo, RT, 2014.

3.1.1. Plano da Existência

No tocante ao plano da *existência*, ANTONIO JUNQUEIRA DE AZEVEDO[21] aponta que os negócios jurídicos devem conter os elementos essenciais, mínimos, para sua constituição. Esses elementos constitutivos mínimos são a declaração de vontade, os agentes, o objeto e a forma.

Os negócios processuais não apresentam particularidades no plano da *existência*, senão em relação ao objeto, que será sempre relativo a uma situação jurídica processual – ônus, faculdades, deveres ou poderes processuais – relativa a processo judicial existente ou potencial[22].

3.1.2. Plano da Validade

No plano da *validade*, tem-se que a declaração de vontade deve ser *livre*, sem *vícios*; os agentes devem ser *capazes*; o objeto deve ser *lícito, possível, determinado* ou *determinável*; e a forma deverá ser *prescrita* ou *não defesa em lei*. O CPC/2015 traz elementos específicos quanto à validade dos negócios processuais, que serão endereçados individualmente nos próximos tópicos. Cabem, porém, duas ressalvas gerais quanto aos requisitos **(a)** da capacidade dos agentes e **(b)** da forma.

Os negócios jurídicos em geral serão válidos sempre que os agentes possuírem personalidade jurídica e capacidade para o exercício de direitos. A validade dos negócios processuais traz um requisito adicional: é necessário que os agentes possuam capacidade de ser parte e de estar em juízo. Na grande maioria dos casos, há correspondência entre a capacidade para celebrar negócios jurídicos nos planos material e processual. Há raros casos, contudo, em que agentes que não possuem autonomia no plano material são admitidos como parte em juízo.

EDUARDO TALAMINI comenta tal aspecto, trazendo um exemplo elucidativo:

> Em regra, haverá correspondência com a capacidade para exercício de direitos no plano material. Mas, para negócios processuais, o que importa é a capacidade de estar em juízo. Essa normalmente reflete aquela. Contudo existem hipóteses específicas em que entes orgânicos (internos a outras

---

[21] AZEVEDO, Antonio Junqueira de. **Negócio jurídico – Existência, Validade e Eficácia.** 4ª ed., 6ª tiragem, São Paulo, Saraiva, 2008, pp. 26/30.

[22] Nesse sentido: DIDIER JR., Fredie. **Negócios jurídicos processuais atípicos no CPC-2015.** *In* Revista Brasileira da Advocacia, vol. 1, São Paulo, RT, 2016, pp. 59/86.

estruturas coletivas), aos quais não se confere autonomia no plano jurídico material, são admitidos como parte no processo judicial.

Por exemplo, é o que acontece no polo ativo do mandado de segurança. Admite-se que entidade ou órgão público não revestido de personalidade jurídica própria impetre essa ação constitucional, para atacar ato de poder exercido por outro órgão ou ente público, ao qual esteja submetido. O mandado de segurança funciona, então, como instrumento de proteção da competência de um órgão público, lesada ou ameaçada pelos excessos praticados por outro órgão [...]. Portanto, tais órgãos públicos despersonalizados detêm capacidade de ser parte, ao menos especialmente em relação ao mandado de segurança [...].

Em consequência, detêm, nesse âmbito, capacidade jurídica para celebrar negócios jurídicos processuais (cabendo, por óbvio, aferir também a presença dos pressupostos objetivos para tanto).[23]

Para TALAMINI, conforme exemplo acima, o agente que tem capacidade para ser parte em juízo, deteria capacidade jurídica para celebrar negócios processuais. Com a devida vênia, esse entendimento gera algum desconforto, uma vez que **(i)** a capacidade para estar em juízo não se confunde com a capacidade para contratar e **(ii)** sendo o negócio processual uma modalidade de negócio jurídico, é possível concluir que a capacidade para contratar seria um requisito cumulativo à capacidade para ser parte. De qualquer forma, o relativamente pequeno acervo jurisprudencial existente a respeito dos negócios processuais no âmbito do CPC/2015 ainda não permite apurar se tal visão encontrará amparo nos Tribunais.

Em relação à forma, embora o CPC/2015 não preveja a obrigatoriedade de que o negócio processual tenha forma escrita, há alguma discussão doutrinária acerca de sua necessidade. Parece bastante claro que aqueles negócios processuais celebrados na constância de um processo judicial assumirão forma escrita, seja por meio de petições ou de ata de audiência. Essa discussão, portanto, limita-se aos negócios processuais celebrados no momento da constituição dos contratos.

---

[23] TALAMINI, Eduardo. **Um Processo pra chamar de seu: nota sobre os negócios jurídicos processuais**. *In* Migalhas, 21 de outubro de 2015, pp. 4/5.

O Enunciado 39 da Escola Nacional de Formação e Aperfeiçoamento dos Magistrados ("ENFAM"), baseando-se na disposição dos artigos 4º, §1º, da Lei nº 9.307/1997[24] e 63, §1º, do CPC/2015[25], que impõem forma escrita ao negócio de eleição de foro, aponta o entendimento de que a obrigatoriedade de forma escrita se estenderia a todos os negócios processuais firmados antes da existência de um litígio: *"Não é válida a convenção pré-processual oral (art. 4º §1º, da Lei n. 9.307/1996 e 63, §1º do CPC/2015)".*

Referido entendimento não encontra amparo legal. Na medida em que a legislação brasileira admite contratos verbais[26] e que inexiste previsão específica de forma para negócios processuais distintos da convenção de arbitragem e da eleição de foro, parece ser teoricamente admissível que os demais negócios processuais assumam a forma verbal.

A discussão, porém, tem aplicabilidade prática bastante reduzida, na medida em que a previsão de negócios processuais no momento da contratação presume um grau de sofisticação e complexidade largamente incompatível com contratos verbais.

3.1.3. *Plano da Eficácia*

No plano da *eficácia* tem-se que os negócios processuais, assim como os de natureza material, poderão ser sujeitos a *condição, termo* e *modo* ou *encargo*. Não o sendo, nos termos do artigo 200 do CPC/2015, os negócios processuais produzem efeitos imediatamente. Essa previsão encontra perfeita aplicação aos negócios processuais firmados na pendência de um processo.

---

[24] "Art. 4º A cláusula compromissória é a convenção através da qual as partes em um contrato comprometem-se a submeter à arbitragem os litígios que possam vir a surgir, relativamente a tal contrato.
§ 1º A cláusula compromissória deve ser estipulada por escrito, podendo estar inserta no próprio contrato ou em documento apartado que a ele se refira."
[25] "Art. 63. As partes podem modificar a competência em razão do valor e do território, elegendo foro onde será proposta ação oriunda de direitos e obrigações.
§ 1º A eleição de foro só produz efeito quando constar de instrumento escrito e aludir expressamente a determinado negócio jurídico."
[26] Nesse sentido, o artigo 107 do Código Civil Brasileiro consagra o princípio do consensualismo ao afirmar que *"a validade da declaração de vontade não dependerá de forma especial, senão quando a lei expressamente a exigir".*

É de se notar, porém, que a maior parte dos negócios processuais celebrados antes da propositura de uma ação judicial estará *condicionada* ao ajuizamento de um processo. Escapam a tal condição apenas os negócios processuais que prevejam etapas antecedentes ao ajuizamento de um processo judicial, tais como aqueles que preveem a obrigatoriedade de mediação ou conciliação extrajudiciais prévias e a disponibilização prévia de documentos entre as partes (pacto de *disclosure*). Mesmo esses negócios estarão submetidos a *condição*, embora diversa: a existência de uma divergência ou conflito de interesses entre as partes contratantes.

Ultrapassadas essas *condições* de incidência geral sobre negócios processuais *pré-processuais*, a hipótese mais comum de *condição* aos negócios processuais é a necessidade de homologação pelo Juiz, que pode decorrer de exigência legal ou da vontade das partes. Esta hipótese será vista com maior detalhe no Capítulo 6 – O Papel dos Tribunais.

3.2. Autonomia Privada vs. Direitos Fundamentais

A autonomia das partes decorre diretamente do direito fundamental à liberdade, previsto no inciso II do artigo 5º da Constituição Federal. IRINEU STRENGER, citando SANTI ROMANO, assim conceituou a *autonomia da vontade*, ainda na vigência do Código Civil de 1916:

> Na sucinta e expressiva conceituação de Santi Romano, deve entender-se por autonomia, em sentido subjetivo, o poder de dar a si próprio um ordenamento jurídico, e, no sentido objetivo, o caráter do próprio ordenamento que as pessoas constituem para si mesmas, distinguindo-se e contrapondo-se aos ordenamentos constituídos para elas.[27]

Da autonomia das partes decorre a liberdade de contratar – entendida como a prerrogativa individual de escolher *com quem* se contrata, *quando* se contrata ou mesmo *se* contrata *ou não* – e a liberdade contratual – entendida como a prerrogativa de estabelecer as condições do contrato. Assim, prossegue IRINEU STRENGER:

> Ora, o contrato, seja de que natureza for, constitui um meio pelo qual os particulares regulam seus interesses de acordo com determinada vontade, mesmo admitidas as limitações ao seu exercício [...].[28]

---

[27] STRENGER, Irineu. **Da Autonomia da Vontade**, 2ª ed., São Paulo, LTR, 2000, p. 64.
[28] STRENGER, Irineu. **Da Autonomia da Vontade**, 2ª ed., São Paulo, LTR, 2000, p. 67.

Como destacado por IRINEU STRENGER, o exercício da autonomia das partes não é irrestrito. E se isso era verdade na vigência do Código Civil de 1916, quando redigidos os trechos acima transcritos, hoje as restrições são ainda mais relevantes. Com a introdução do conceito de *direitos sociais*, que teve forte influência nas codificações do Século XX, a autonomia das partes passou a sofrer crescentes limitações.

O Código Civil de 2002 positivou as mudanças principiológicas decorrentes dos direitos sociais e impôs limitações ao exercício da autonomia das partes mais significativas do que aquelas verificadas no Código Civil de 1916. São exemplos dessas limitações os princípios da boa-fé objetiva e da função social do contrato.

Essa mudança de paradigma afastou o conceito de *autonomia da vontade*, adotado pelo Código Civil de 1916, em favor do conceito de *autonomia privada*, entendida como o poder de as partes regularem o exercício de sua vontade dentro dos limites balizados pelo ordenamento jurídico.

Nesse sentido, FRANCISCO AMARAL:

> A autonomia privada é o princípio fundamental do sistema de direito privado, que se forma a partir do reconhecimento de um âmbito particular de atuação da pessoa, com eficácia normativa. [...]
> A autonomia privada não é um poder originário e ilimitado. Deriva do ordenamento jurídico estatal, que o reconhece e exerce-se nos limites que esse fixa, limites esses crescentes, com a passagem do Estado de direito para o Estado intervencionista ou assistencial.
> [...]
> O princípio da autonomia privada tem sido objeto, nas últimas décadas, de um processo de revisão crítica, reduzindo-se o seu campo de atuação com a intervenção do Estado, embora permaneça como essência do negócio jurídico, particularmente de sua principal categoria, o contrato.[29]

Portanto, em que pese o sistema jurídico privilegiar a autonomia das partes, que continua representando um pilar fundamental do direito privado, a evolução para o conceito de autonomia privada significa que seu exercício admite limitações, dentre as quais destacam-se os demais direitos fundamentais, sejam eles de ordem material ou processual.

---

[29] AMARAL, Francisco. **Direito Civil – Introdução**, 8ª ed., São Paulo, Renovar, 2014, pp. 84/87.

Nesse sentido, MARINONI, ARENHART e MITIDIERO:

> O preenchimento dos requisitos tradicionais dos atos jurídicos, todavia, pode não ser suficiente para a validade do negócio processual. É preciso observar que o processo possui objetivos próprios, perseguidos com base em direitos fundamentais, de modo que permitir acordos processuais indistintamente pode paradoxalmente implicar perda de liberdade para as próprias partes nele envolvidas. Isso quer dizer que o acordo sobre posições processuais não pode ser realizado à custa de renúncias a direitos fundamentais processuais em atenção apenas à vontade das partes.
>
> Assim, sempre que um desses acordos – mesmo que implique apenas restrição aos interesses das partes – violar um direito fundamental, eles devem ser desconsiderados. É o que ocorre, por exemplo, quando o acordo firmado entre as partes afrontar o direito ao contraditório ou direito à isonomia.
>
> Aliás, as referências postas, em vários preceitos à vedação de acordos que tornem excessivamente difícil a atuação de uma das partes, ou que se imponham sobre parte manifestamente vulnerável, são evidentes reflexos da incidência dessas garantias fundamentais sobre o processo [...].[30]

Portanto, não basta que os negócios processuais atendam aos requisitos tradicionais dos negócios jurídicos tratados anteriormente. Os negócios processuais deverão preservar os direitos fundamentais materiais e processuais dos contratantes e de terceiros, sob pena de serem considerados inválidos.

Impõe-se, por consequência, a necessidade de se interpretar as normas processuais de forma sistemática, considerando-se não apenas a legislação processual, mas, também, a Constituição Federal. Nessa linha, o artigo 1º do CPC/2015 dispõe que:

> **Art. 1º.** O processo civil será ordenado, disciplinado e interpretado conforme os valores e as normas fundamentais estabelecidos na Constituição da República Federativa do Brasil, observando-se as disposições deste Código.

CINTRA, GRINOVER e DINAMARCO também ressaltam a importância do texto constitucional no estudo dos institutos processuais:

---

[30] MARINONI, Luiz Guilherme; ARENHART, Sérgio Cruz; e MITIDIERO, Daniel. **Novo Curso de Processo Civil**, vol. 1, 3ª ed., São Paulo, RT, 2017. Edição eletrônica.

É inegável o paralelo existente entre a disciplina do processo e o regime constitucional em que o processo se desenvolve.

[...]

Hoje acentua-se a ligação entre processo e Constituição no estudo concreto dos institutos processuais, não mais colhidos na esfera fechada da ordem processual, mas no sistema unitário do ordenamento jurídico: é esse o caminho, foi dito com muita autoridade, que transformará o processo, de simples instrumento de justiça, em garantia de liberdade.

Todo o direito processual, como ramo do direito público, tem suas linhas fundamentais traçadas pelo direito constitucional [...].

Mas além de seus pressupostos constitucionais, comuns a todos os ramos do direito, o direito processual é fundamentalmente delineado pela Constituição em muitos de seus aspectos e institutos característicos.

Alguns dos princípios gerais que o informam são, ao menos inicialmente, princípios constitucionais ou seus corolários [...].[31]

Dessa forma, conclui-se que a autonomia privada nos negócios processuais encontra limite nas garantias constitucionais do processo, entendidas em sua dúplice configuração: **(a)** direito de acesso à justiça (garantias de ação e de defesa) e **(b)** direito ao processo (garantias do devido processo legal)[32].

Por essa razão, tem-se apontado a impossibilidade de os negócios processuais afastarem direitos fundamentais de ordem processual. Nesse sentido, o Enunciado 37 da Escola Nacional de Formação e Aperfeiçoamento dos Magistrados:

> São nulas, por ilicitude do objeto, as convenções processuais que violem as garantias constitucionais do processo, tais como as que: a) autorizem o uso de prova ilícita; b) limitem a publicidade do processo para além das hipóteses expressamente previstas em lei; c) modifiquem o regime de competência absoluta; e d) dispensem o dever de motivação.

---

[31] CINTRA, Antonio Carlos, GRINOVER, Ada Pellegrini e DINAMARCO, Cândido Rangel. **Teoria Geral do Processo**, 26ª ed., São Paulo, Malheiros, 2010, p. 84.

[32] CINTRA, Antonio Carlos, GRINOVER, Ada Pellegrini e DINAMARCO, Cândido Rangel. **Teoria Geral do Processo**, 26ª ed., São Paulo, Malheiros, 2010, p. 86.

Muito embora a aferição do respeito às garantias constitucionais do processo deva ser feita caso a caso, resta claro que, quando os negócios processuais tiverem por objeto a clara derrogação de uma garantia processual constitucional, eles deverão ser considerados inválidos.

3.3. Boa-fé, Cooperação e Equilíbrio entre as Partes

O princípio da boa-fé objetiva orienta tanto o direito material quanto o direito processual brasileiros. Não é por outra razão que tanto o Código Civil quanto o Código de Processo Civil, em seus artigos 422 e 5º, respectivamente, exigem que os indivíduos se comportem com boa-fé:

> **Art. 422.** Os contratantes são obrigados a guardar, assim na conclusão do contrato, como em sua execução, os princípios de probidade e boa-fé.
> **Art. 5º.** Aquele que de qualquer forma participa do processo deve comportar-se de acordo com a boa-fé.

O princípio da boa-fé objetiva impõe, de um lado, a obrigação de lealdade e, de outro, a obrigação de cooperação entre as partes. Sobre o dever de cooperação, comenta FLÁVIO TARTUCE, citando CLÓVIS DO COUTO E SILVA:

> [...] o contrato e a obrigação trazem um processo de colaboração entre as partes decorrente desses deveres anexos ou secundários, que devem ser respeitados pelas partes em todo o curso obrigacional, ou seja, em todas as fases pelas quais passa o contrato.[33]

Como será discutido no Capítulo 4, o dever de cooperação ganha especial destaque sob a perspectiva dos contratos de execução continuada ou diferida e da teoria econômica dos contratos incompletos, uma vez que a cooperação entre as partes contratantes é essencial à readequação dos contratos de longa duração ao durante a sua execução.

Assim como a boa-fé, a cooperação também orienta o direito processual, como se verifica do artigo 6º do CPC/2015:

> **Art. 6º.** Todos os sujeitos do processo devem cooperar entre si para que se obtenha, em tempo razoável, decisão de mérito justa e efetiva.

---

[33] TARTUCE, Flávio. **Direito Civil: Teoria Geral dos Contratos e Contratos em Espécie**, vol. 3, 9ª ed., São Paulo, Método, 2014. Edição eletrônica.

Tratando-se o negócio processual de uma intersecção entre institutos de direito material e de direito processual, é claro que os princípios da boa-fé e da cooperação deverão orientar as partes em sua celebração e execução. Vale dizer, ainda, que a boa-fé e a cooperação referem-se tanto às condutas das partes entre si como em relação a terceiros.

Outro princípio intimamente relacionado ao da boa-fé e igualmente aplicável aos negócios processuais é o da *isonomia*, do qual decorre a oção de *igualdade processual* e *igualdade de armas*, conforme CINTRA, GRINOVER e DINAMARCO:

> Procura-se, ainda, dar concretude à *igualdade processual* que decorre do princípio da isonomia, inscrito no inc. I do art 5º [da Constituição Federal] – transformando-a no princípio dinâmico da *par conditio* ou da igualdade de armas, mediante o equilíbrio dos litigantes no processo civil [...].[34]

O CPC/2015, embora não tenha se preocupado em estabelecer requisitos mínimos de igualdade, de alguma forma positivou o princípio da igualdade de armas nos negócios processuais no parágrafo único do artigo 190, determinando ao Juiz que recuse aplicação aos negócios processuais nos casos *"em que alguma parte se encontre em manifesta situação de vulnerabilidade"*.

A preocupação com os casos de vulnerabilidade de uma das partes do negócio processual não é restrita ao sistema brasileiro. DAVIS e HERSHKOFF, analisando o tema sob a ótica do direito estadunidense, comentam:

> *Critics of contract procedure resist accepting the presumption of an efficient exchange when there is reason to believe that one party to the agreement has inadequate information. Concerns about inadequate information are particularly salient when individuals enter into standard-form contracts with business enterprises without any reasonable opportunity to consult an attorney. The idea that those individuals will not understand the terms of their contracts is particularly plausible when it comes to procedural terms, because those terms often relate to subjects that no one other than a trial lawyer is likely to understand.*[35]

---

[34] CINTRA, Antonio Carlos, GRINOVER, Ada Pellegrini e DINAMARCO, Cândido Rangel. **Teoria Geral do Processo**, 26ª ed., São Paulo, Malheiros, 2010, p. 89.

[35] DAVIS, Kevin E. e HERSHKOFF, Helen. **Contracting for Procedure**. *In* William & Mary Law Review, vol. 53, n. 2, 2011, NYU School of Law, Public Law Research Paper No. 11-51,

Não há dúvidas de que a desigualdade entre as partes de um negócio – seja ele de natureza material ou processual – pode submeter a parte econômica e/ou tecnicamente mais fraca a condições extremamente desfavoráveis, configurando abuso pela parte mais poderosa. Por isso, é de extrema importância que o CPC/2015 tenha garantido a possibilidade de recusa dos negócios processuais firmados em condições de *manifesta vulnerabilidade*.

Na ausência de definição clara, pelo CPC/2015, do que configuraria uma situação de *manifesta vulnerabilidade*, caberá à doutrina e à jurisprudência a fixação de parâmetros mais claros. Até o momento, a posição da doutrina ainda é dissonante.

Antonio do Passo Cabral, por exemplo, relaciona a vulnerabilidade que justificaria a recusa de aplicação de um negócio processual à presença de vício no consentimento da parte mais fraca:

> Sem igualdade, não há condições mínimas para exercício da liberdade, porque as disposições convencionais terão sido assumidas num quadro em que o consentimento não foi livre e esclarecido, e portanto, fora de um espaço real e efetivo para o exercício da liberdade.
>
> [...]
>
> É preciso verificar se os sujeitos estão em posição de desequilíbrio que tenha distorcido suas manifestações de vontade ao ponto em que possamos afirmar que não foram livres e esclarecidas.[36]

Fernanda Tartuce, por sua vez, define vulnerabilidade como uma limitação pessoal involuntária decorrente de fatores de diversas ordens:

> Vulnerabilidade processual é a suscetibilidade do litigante que o impede de praticar atos processuais em razão de uma limitação pessoal involuntária; a

---

pp. 527/528. Em tradução livre: Os críticos do contrato processual resistem a aceitar a presunção de uma troca eficiente quando há razões para acreditar que uma parte do acordo tem informações inadequadas. Preocupações sobre informações inadequadas são particularmente importantes quando os indivíduos firmam contratos padronizados com empresas sem qualquer oportunidade razoável de consultar um advogado. A ideia de que essas pessoas não entenderão os termos de seus contratos é particularmente plausível quando se trata de termos processuais, porque esses termos geralmente se referem a assuntos que ninguém além de um advogado especializado em contencioso provavelmente entenderá.

[36] Cabral, Antonio do Passo. **Convenções Processuais**. Salvador, JusPodivm, 2016, p. 203.

impossibilidade de atuar pode decorrer de fatores de saúde e/ou de ordem econômica, informacional, técnica ou organizacional de caráter permanente ou provisório.[37]

Já nos termos do Enunciado 18 do Fórum Permanente de Processualistas Civis: "*há indício de vulnerabilidade quando a parte celebra acordo de procedimento sem assistência técnico-jurídica*".

A doutrina estrangeira também relaciona a ideia de vulnerabilidade à existência de assimetria de informação entre as partes. DAVIS e HERSHKOFF trazem uma perspectiva interessante, apontando que a preocupação com assimetria de informação deve diminuir com o passar do tempo, à medida em que os negócios processuais se tornarem mais frequentes e as partes mais conscientes a respeito do seu uso:

> *It also is important to recognize that concerns about inadequate or asymmetrical information in contracting generally ought to diminish over time as reliance upon certain types of procedural boilerplate becomes more commonplace, resulting in changes in contracting parties' knowledge and expectation.*[38]

Outros autores relacionam a ideia de vulnerabilidade à modalidade de contrato em que os negócios processuais estão inseridos. Nesse sentido, os itens 3.7 e 3.8, adiante, discutirão os negócios processuais em dois casos clássicos de vulnerabilidade de uma das partes contratantes: contratos de adesão e contratos de consumo.

De qualquer forma, o campo mais fértil para a utilização de negócios processuais parece ser o dos contratos paritários e empresariais, em que a questão da vulnerabilidade tende a ter menor destaque (e nos quais, por consequência, espera-se uma menor intervenção judicial). Mesmo nesses casos, porém, é possível haver vulnerabilidade em algum grau, em decorrência de eventual dependência econômica entre os contratantes.

---

[37] TARTUCE, Fernanda. **Vulnerabilidade processual no novo CPC**, p. 1.
[38] DAVIS, Kevin E. e HERSHKOFF, Helen. **Contracting for Procedure**. *In* William & Mary Law Review, vol. 53, n. 2, 2011, NYU School of Law, Public Law Research Paper No. 11-51, p. 529. Em tradução livre: Também é importante reconhecer que as preocupações com informações inadequadas ou assimétricas na contratação devem diminuir com o tempo, à medida em que o uso de certos tipos de negócios processuais se torne mais comum, resultando em mudanças no conhecimento e na expectativa das partes contratantes.

Embora a questão do equilíbrio entre as partes do negócio processual ainda careça de amadurecimento, já é possível afirmar que a recusa à aplicação de negócios processuais em razão da vulnerabilidade de uma das partes deve ser excepcional e restrita a casos extremos, sob pena de se gerar insegurança jurídica e de se esvaziar o instituto do negócio processual.

3.4. A (In)Disponibilidade do Direito Material. Limitação aos Processos que Versem sobre Direitos que Admitam Autocomposição

Desde a introdução do CPC/2015, a doutrina tem se valido largamente de entendimentos aplicados à arbitragem para interpretar as possibilidades e os limites dos negócios processuais. Embora a aplicação analógica desses entendimentos seja bastante útil em vários momentos, esse não é o caso quando se está a discutir a possibilidade de celebração de negócios processuais subjacentes a relação jurídica de direito material que envolva direitos indisponíveis.

Com efeito, enquanto o artigo 1º da Lei nº 9.307/1997 dispõe taxativamente que "*as pessoas capazes de contratar poderão valer-se da arbitragem para dirimir litígios relativos a direitos patrimoniais disponíveis*", o artigo 190 do CPC/2015 afirma a possibilidade de as partes firmarem negócios processuais "*versando o processo sobre direitos que admitam autocomposição*". A distinção entre o uso da arbitragem e dos negócios processuais em sentido amplo, aqui, está no uso das expressões "*direitos patrimoniais disponíveis*" e "*direitos que admitam autocomposição*".

Na dicção da doutrina:

> A autocomposição deve ser entendida como o conjunto de técnicas por intermédio das quais as partes podem atingir a solução da controvérsia entre si estabelecida sem que exista a prolação de uma decisão judicial de acertamento de direitos. Em outras palavras, as partes, por intermédio da autocomposição, chegam à solução do problema que mantém entre si em virtude de consenso que estabelecem a respeito, fazendo-o por intermédio da conciliação, da mediação ou mesmo da negociação direta [...].[39]

---

[39] WAMBIER, Teresa Arruda Alvim *et al*. **Primeiros comentários ao Novo Código de Processo Civil – Artigo por Artigo**. São Paulo, RT, 2015, pp. 353/354.

A distinção é relevante porque há direitos indisponíveis que admitem autocomposição. O exemplo mais recorrente é o do direito a alimentos, que, embora indisponível, admite autocomposição quanto ao valor e forma de satisfação. Assim, o direito a alimentos não pode ser submetido à arbitragem, mas sobre ele podem versar negócios processuais.

Por essa razão, a doutrina majoritária aponta que o grupo de direitos que admitem autocomposição é mais amplo do que o dos direitos disponíveis:

> Importante notar que o termo autocomposição é mais amplo do que a expressão direito disponível. Afinal, admitem autocomposição todos os direitos disponíveis e alguns direitos indisponíveis (v.g., direito à percepção de alimentos, desde que inexista renúncia integral, dano considerável ou prejuízo significativo ao direito indisponível).[40]

A maior restrição adotada pelo legislador brasileiro em relação à arbitragem, permitindo seu uso somente para a discussão de direitos disponíveis, é coerente, uma vez que a arbitragem afasta completamente um direito da análise pelo Poder Judiciário, o que não é o caso da maior parte dos negócios processuais. Portanto, assiste razão ao Enunciado 135 do Fórum Permanente de Processualistas Civis, segundo o qual *"a indisponibilidade do direito material não impede, por si só, a celebração de negócio jurídico processual"*.

Contudo, negócios processuais relativos a direitos indisponíveis apresentam uma particularidade. Como destaca CABRAL, *"a disposição de direitos processuais não pode, v.g., implicar indiretamente em renúncia a direitos materiais irrenunciáveis"*[41]. Por essa razão, a indisponibilidade do direito material poderá levar à invalidação de um negócio processual

---

[40] REDONDO, Bruno Garcia. **Negócios Jurídicos Processuais**. *In* WAMBIER, Luiz Rodrigues e WAMBIER, Teresa Arruda Alvim. Temas Essenciais do Novo CPC. São Paulo, RT, 2016, p. 235. No mesmo sentido, CASSIO SCARPINELLA BUENO: "[...] importa que o processo (futuro ou presente) diga respeito a 'direitos que admitam autocomposição', conceito mais amplo (e mais preciso que o mais tradicional, de direitos patrimoniais disponíveis. Sim, porque há aspectos de direitos indisponíveis que admitem alguma forma de autocomposição." (BUENO, Cassio Scarpinella. **Manual De Direito Processual Civil: Inteiramente Estruturado à Luz do Novo CPC**. São Paulo, Saraiva, 2015, p. 190).

[41] CABRAL, Antonio do Passo. **Convenções Processuais**. Salvador, JusPodivm, 2016, p. 299.

que indireta ou reflexamente afete o exercício do supracitado direito. Consequentemente, exige-se uma maior cautela **(a)** das partes ao firmar negócios processuais relativos a direitos indisponíveis e **(b)** do Juiz ao apreciar a validade de tais negócios.

3.5. Negócios Processuais que Versem sobre Poderes do Juiz e Normas de Organização do Poder Judiciário

Há que se mencionar, também, que parte da doutrina assinala a impossibilidade de os negócios processuais versarem sobre poderes e prerrogativas do Juiz ou normas de organização do Poder Judiciário. Essa corrente destaca que a autonomia das partes não poderia afetar o interesse público inerente à prestação jurisdicional, devendo restringir-se aos ônus, poderes, faculdades e deveres processuais das partes.

Nesse sentido, o Enunciado 36 da Escola Nacional de Formação e Aperfeiçoamento dos Magistrados:

> A regra do art. 190 do CPC/2015 não autoriza às partes a celebração de negócios jurídicos processuais atípicos que afetem poderes e deveres do juiz, tais como os que: a) limitem seus poderes de instrução ou de sanção à litigância ímproba; b) subtraiam do Estado/juiz o controle da legitimidade das partes ou do ingresso de amicus curiae; c) introduzam novas hipóteses de recorribilidade, de rescisória ou de sustentação oral não previstas em lei; d) estipulem o julgamento do conflito com base em lei diversa da nacional vigente; e e) estabeleçam prioridade de julgamento não prevista em lei.

Em que pese a pertinência da preocupação quanto ao interesse público por trás da tutela jurisdicional, deve haver um temperamento das limitações propostas pela ENFAM. Isso porque o hiperpublicismo do CPC/1973 não mais informa as regras processuais sob a luz do CPC/2015. De um lado, é claro que o núcleo das normas de organização do Poder Judiciário deve ser preservado, sob pena de se instituir verdadeiro caos processual. Tem razão, portanto, a ENFAM quando afirma a impossibilidade de se introduzir, por meio de negócio processual, novas hipóteses de recorribilidade ou a prioridade de julgamento não prevista em lei.

Por outro lado, não se pode olvidar do caráter instrumental do processo. Assim, não parece possível que os poderes de instrução do Juiz possam se sobrepor à autonomia das partes que voluntária e consensualmente optarem por limitar o escopo e os meios de prova a serem utilizados em determinado caso – sobretudo quando se tratar de direitos patrimoniais disponíveis. O entendimento diverso, com a devida vênia, abre demasiado espaço para o ativismo judicial e esvazia o conteúdo dos negócios processuais que tratem de produção e valoração de provas, gerando enorme incerteza jurídica e contrariando, em última análise, o paradigma que norteia o CPC/2015.

Não obstante, não se ignora que existe grande probabilidade de, ao menos até a consolidação do modelo cooperativo de processo introduzido pelo CPC/2015, serem proferidas várias decisões que, ainda pautadas pelo protagonismo exacerbado da figura do Juiz que pautava o CPC/1973, derroguem a autonomia das partes ao argumento de que os negócios processuais por elas firmados de alguma forma limitariam os poderes do Juiz.

3.6. Negócios Processuais Inseridos em Contratos de Adesão[42]

Como visto, a *"manifesta situação de vulnerabilidade"* de uma das partes contratantes é uma das causas de recusa de aplicação do negócio processual pelo Juiz, nos termos do parágrafo único do artigo 190 do CPC/2015. Outra causa de recusa, na dicção daquele dispositivo, é a *"inserção abusiva em contrato de adesão"*.

Em primeiro lugar, cumpre ressalvar que as considerações a seguir não se aplicam integralmente aos contratos que forem, cumulativamente, de adesão e de consumo. Os contratos de adesão não se limitam aos contratos de consumo, consubstanciando apenas uma técnica de formação e redação contratual aplicável quando existe necessidade de

---

[42] Existe alguma discussão doutrinária a respeito da denominação mais adequada para contratos dessa natureza. Embora o Código Civil de 2002, o CPC/15 e o Código de Defesa do Consumidor utilizem a expressão *"de* adesão", há quem prefira a expressão *"por* adesão" – como Caio Mário da Silva Pereira (PEREIRA, Caio Mário da Silva. **Instituições de Direito Civil – Contratos**, vol. 3, 11ª ed., Rio de Janeiro, Forense, 2003) – por entender que a denominação "contrato *de* adesão" seria incompleta, referindo-se apenas à forma de manifestação do consentimento. Inobstante a relevância da referida discussão semântica, este trabalho adotará, por padrão, a expressão utilizada de forma recorrente pela legislação brasileira: "contrato *de* adesão".

rapidez, economia de escala ou uniformização[43]. Um contrato de franquia, por exemplo, poderá assumir contornos de contrato de adesão, embora não se trate de relação de consumo. A possibilidade de uso de negócios processuais em contratos de consumo será tratada especificamente adiante.

Feita essa ressalva, cabe analisar, então, se a abusividade da inserção de negócios processuais em contratos de adesão deve ser aferida caso a caso ou se o uso de negócios processuais em contratos desse tipo seria, por si só, considerado abusivo e, por consequência, inadmissível.

A primeira posição parece ser a mais adequada, sobretudo a partir da leitura do §2º do artigo 4º da Lei nº 9.307/1996[44], que admite expressamente o uso de convenção de arbitragem em contratos de adesão. A cláusula compromissória arbitral é uma modalidade de negócio processual típico há muito admitida no ordenamento brasileiro. Se esta modalidade de negócio processual, que, como tratado anteriormente no item 3.4, afasta completamente um direito da apreciação pelo Poder Judiciário, é admitida em contratos de adesão, não há razão para se cogitar que as demais modalidades de negócio processual não o sejam.

É de se lembrar, porém, que a cláusula compromissória arbitral inserida em contrato de adesão tem eficácia restrita às hipóteses em que **(i)** for instituída por escrito em documento anexo ou, se no corpo do contrato, em negrito e com assinatura ou visto do aderente especialmente para essa cláusula ou **(ii)** a iniciativa de instituir a arbitragem for do aderente.

Por se tratar de disposição específica à arbitragem e por inexistir previsão em igual sentido para os negócios processuais em geral, não

---

[43] Nesse sentido: GRINOVER, Ada Pellegrini *et al.* **Código Brasileiro de Defesa do Consumidor – Comentado pelos Autores do Anteprojeto**. Rio de Janeiro, Forense, 2004, pp. 622/623.

[44] "Art. 4º A cláusula compromissória é a convenção através da qual as partes em um contrato comprometem-se a submeter à arbitragem os litígios que possam vir a surgir, relativamente a tal contrato.

§ 1º A cláusula compromissória deve ser estipulada por escrito, podendo estar inserta no próprio contrato ou em documento apartado que a ele se refira.

§ 2º Nos contratos de adesão, a cláusula compromissória só terá eficácia se o aderente tomar a iniciativa de instituir a arbitragem ou concordar, expressamente, com a sua instituição, desde que por escrito em documento anexo ou em negrito, com a assinatura ou visto especialmente para essa cláusula."

se pode afirmar que as mesmas condições de eficácia devem ser impostas aos demais negócios processuais inseridos em contratos de adesão. Não obstante, a previsão do §2º do artigo 4º da Lei nº 9.307/1996 certamente serve de parâmetro interpretativo, recomendando que cautelas semelhantes sejam adotadas em relação a negócios processuais que possam constituir uma limitação de direito ao aderente.

Outra questão importante diz respeito à interpretação de negócios processuais inseridos em contratos de adesão quando tais negócios contiverem previsões ambíguas ou contraditórias. Não parece existir qualquer razão que afaste a aplicação, a tal hipótese, da disposição do artigo 423 do Código Civil Brasileiro:

> **Art. 423.** Quando houver no contrato de adesão cláusulas ambíguas ou contraditórias, dever-se-á adotar a interpretação mais favorável ao aderente.

Essa posição alinha-se com o Enunciado 408 do Fórum Permanente de Processualistas Civis:

> Quando houver no contrato de adesão negócio jurídico processual com previsões ambíguas ou contraditórias, dever-se-á adotar a interpretação mais favorável ao aderente.

Pelo exposto, conclui-se pela possibilidade de utilização de negócios processuais em contratos de adesão, recomendando-se o uso das cautelas instituídas pelo §2º do artigo 4º da Lei nº 9.307/1996. Ao fazê-lo, porém, a parte estipulante deve estar ciente de que **(i)** a interpretação dos negócios processuais tenderá a favorecer a parte aderente e **(ii)** pela própria natureza dos contratos de adesão, é de se esperar um maior rigor do Juiz no exame da validade do negócio processual. Tais observações são cabíveis ainda que inexista desigualdade nas disposições – de ordem material ou processual – do contrato de adesão. Isso porque a desigualdade de um contrato de adesão reside na fase de formação do contrato, e não necessariamente no conteúdo de suas disposições, sejam elas de ordem material ou processual.

3.7. Negócios Processuais Inseridos em Contratos de Consumo

A possibilidade ou não de celebração de negócios processuais em contratos de consumo tem dividido a doutrina. Há quem defenda que a inserção de negócios processuais em contratos de consumo seria vedada *prima facie*. Outros entendem que a decretação de invalidade dos negócios processuais inseridos em contratos dessa natureza deve ser aferida de forma casuística, como normalmente ocorre com os negócios processuais.

FLÁVIO TARTUCE é um daqueles que entende pela invalidade dos negócios processuais inseridos em contratos de consumo. Para ele, a impossibilidade residiria **(i)** no uso do termo *vulnerabilidade* ao final do parágrafo único do artigo 190 do CPC/2015 e **(ii)** na presunção absoluta de *vulnerabilidade* do consumidor, extraída do artigo 4º, inciso I, do Código de Defesa do Consumidor[45]:

> No último preceito [vulnerabilidade] é que parece haver sério entrave técnico para que seja estabelecido o negócio jurídico processual em contratos de consumo [...] pelo fato de ter o legislador processual utilizado o termo vulnerabilidade ao final do parágrafo único do art. 190 do Estatuto Processual emergente. Como se sabe, há forte corrente doutrinária que defende existir uma presunção absoluta ou iure et de iure de vulnerabilidade do consumidor nas relações de consumo, conclusão retirada da dicção do art. 4º, inc. I, do Código de Defesa do Consumidor. Segundo essa mesma visão, essa vulnerabilidade é inafastável [...]. Essa também é a posição que sigo, sendo certo que a vulnerabilidade é elemento posto da relação de consumo, ou seja, todo consumidor é vulnerável, sem exceção. Em outras palavras, trata-se de um conceito jurídico que não aceita declinação ou objeção, sendo fixado previamente, sem qualquer análise casuística.
>
> Por outra via, a hipossuficiência é uma disparidade fática a que está submetido o destinatário final da relação jurídica de consumo, podendo ser ela econômica, política, social ou até técnico-informacional, pelo desconhecimento específico que se tem em relação ao produto ou serviço que está sendo adquirido. Todo consumidor é vulnerável, mas nem sempre será hipossuficiente.
> [...]

---

[45] "Art. 4º A Política Nacional das Relações de Consumo tem por objetivo o atendimento das necessidades dos consumidores, o respeito à sua dignidade, saúde e segurança, a proteção de seus interesses econômicos, a melhoria da sua qualidade de vida, bem como a transparência e harmonia das relações de consumo, atendidos os seguintes princípios:
I – reconhecimento da vulnerabilidade do consumidor no mercado de consumo; [...]"

Em conclusão, penso que o legislador processual pecou ao utilizar o termo vulnerabilidade na limitação dos negócios jurídicos processuais. Se tivesse utilizado a expressão hipossuficiência, teria aberto a possibilidade jurídica de se instituírem negócios jurídicos processuais em contratos de consumo.
[...]
Porém, o legislador parece ter ignorado as visões multifacetadas da ideia de vulnerabilidade e, infelizmente, fechou as portas para os negócios processuais em contratos de consumo.[46]

Vale notar que, a despeito de concluir pela existência de *"entrave técnico para que seja estabelecido o negócio jurídico processual em contratos de consumo"*, TARTUCE lamenta essa impossibilidade.

Dentre os que defendem a possibilidade de inserção de negócios processuais em contratos de consumo, com o exame casuístico de sua validade, está FERNANDO GAJARDONI. No seu entendimento, isso é possível porque **(i)** a presunção de vulnerabilidade trazida pelo Código de Defesa do Consumidor não seria absoluta, **(ii)** os contratos consumeristas tratam de direitos autocomponíveis e, portanto, passíveis de submissão a negócios processuais, nos termos do artigo 190 do CPC/2015, **(iii)** mesmo na vigência do CPC/1973 já se admitia a celebração de negócios processuais típicos, como a eleição de foro, **(iv)** o autorregramento pelas partes é tendência no direito brasileiro e **(v)** vedar, *prima facie*, os negócios processuais em contratos de consumo implica privar o consumidor da celebração de negócios processuais que lhe sejam vantajosos.

Assim conclui GAJARDONI:

Portanto, não há nulidade automática das convenções processuais celebradas nos contratos do consumo, inclusive em vista da regra geral do sistema processual de que não se decretará nulidade sem prejuízo (art. 277 do CPC).

Eventual vício de vontade ou a situação de vulnerabilidade real do consumidor deve ser analisado pelo juiz no caso concreto, na forma do art. 190, parágrafo único, do CPC, e somente se for constatado o vício na celebração

---

[46] TARTUCE, Flavio. **Negócio jurídico processual em contrato de consumo: posição contrária.** *In* Jornal Carta Forense, Janeiro/2018.

e o prejuízo é que a convenção processual constante do contrato de consumo deixará de ser aplicada.[47]

O acervo jurisprudencial atualmente existente sobre o tema não permite apurar qual dessas linhas será adotada pelos Tribunais pátrios. Não obstante, existe farta jurisprudência afirmando a possibilidade de inserção de cláusula de eleição de foro – um negócio processual típico – em contratos de consumo quando esta não resultar em prejuízo à defesa do consumidor. Nesse sentido, extrai-se trecho do voto da Ministra NANCY ANDRIGHI em recente acórdão proferido pela Quarta Turma do Superior Tribunal de Justiça:

> [...] o simples fato de se tratar de relação de consumo não é suficiente à declaração de nulidade da cláusula de eleição de foro, sobretudo quando primeiro e segundo graus de jurisdição foram uníssonos ao registrar que não há prejuízos à defesa do recorrente.[48]

Há, de fato, uma série de elementos a corroborar o entendimento de que os negócios processuais são, sim, admissíveis em contratos de consumo. É de se esperar, porém, que os Tribunais exerçam o exame da validade do negócio com mais rigor nesse caso, em especial quando o negócio processual puder causar prejuízos à defesa do consumidor.

Situação ainda mais sensível será a dos negócios processuais inseridos em contratos de consumo que sejam também de adesão, hipótese em que as questões tratadas no item anterior devem se somar às discussões ora endereçadas. Mesmo nesses casos, contudo, a vedação, *prima facie*, do uso de negócios jurídicos processuais não parece ser a solução mais adequada.

---

[47] GAJARDONI, Fernando da Fonseca. **Negócio jurídico processual em contrato de consumo: possibilidade**. *In* Jornal Carta Forense, Janeiro/2018.
[48] BRASIL, Superior Tribunal de Justiça. **Recurso Especial nº 1.707.855/SP**, Relatora Ministra Nancy Andrighi, Quarta Turma, julgado em 20.2.2018.

4. O Contrato Incompleto

"*Almost every economist would agree that actual contracts are or appear quite incomplete*"[49]. A afirmação de JEAN TIROLE resume bem a ideia de que, sob a perspectiva da Economia, todos os Contratos possuem algum grau de incompletude. A ideia de contrato completo, para a Economia, reside apenas no campo teórico.

Por mais que, no momento da contratação, as partes invistam tempo e recursos com vistas a obter uma redação contratual abrangente, é virtualmente impossível imaginar *todas* as consequências e circunstâncias que podem surgir daquele negócio. E, quanto mais amplo o objeto do contrato e mais extensa a sua duração, maior tende a ser sua incompletude.

Tomemos, como exemplo, aquele que é possivelmente o contrato mais abrangente que a sociedade atual conhece, cuja duração é indefinida: o *contrato social*. Sem adentrar os extensos ensinamentos de HOBBES, LOCKE e ROUSSEAU, a ideia geral é a de que a vida em sociedade depende de um acordo, um *contrato* firmado entre os partícipes de determinada comunidade, com a previsão de direitos e imposição de deveres com o objetivo de gerar benefícios comuns.

Pois bem, o *contrato social* gera expectativas nos partícipes da comunidade. Há a confiança de que a propriedade privada será respeitada e

---

[49] TIROLE, Jean. **Incomplete Contracts: Where Do We Stand?**. *In* Econometrica, vol. 67, pp. 741/781. Em uma tradução livre: quase todo economista concordaria que os contratos reais são ou parecem bastante incompletos.

de que determinadas condutas são puníveis. Entretanto, por maior que seja o arcabouço normativo de uma comunidade, ele jamais será capaz de prever todo e qualquer acontecimento das relações humanas – muito menos no próprio texto constitucional. O *contrato social*, portanto, possui elevado grau de incompletude.

Consequentemente, os objetivos e fundamentos do Estado são amplos, traçando apenas linhas gerais. Um exemplo concreto disso é encontrado logo no Artigo 3º da Constituição Federal Brasileira[50].

A Constituição Federal, portanto, é incompleta por natureza. Questões específicas são reguladas oportunamente, na constância da comunidade. Leis, códigos, regulamentos, entre tantos outros instrumentos normativos, são criados e revogados com o passar dos anos, adaptando o *contrato social* a determinado momento e contexto da comunidade.

O exemplo acima, embora um tanto quanto afastado da realidade cotidiana do direito contratual, é bastante ilustrativo das principais motivações da incompletude contratual, que serão exploradas adiante.

A incompletude contratual decorre da inconveniência e, até mesmo, da impossibilidade de se estipular, no momento da contratação, todos os aspectos da relação, sua modificação durante a vigência contratual e as consequências dessa modificação. Assim, os contratantes, de maneira colaborativa e ao longo da execução do contrato, devem ajustar os seus termos às circunstâncias que surgirem com o passar do tempo.

4.1. Incompletude Jurídica vs. Incompletude Econômica

A noção de incompletude contratual é distinta nos campos do Direito e da Economia. Os operadores do Direito tendem a associar um contrato dito *incompleto* à ideia de um contrato inacabado, cujas previsões são insuficientes e lacunosas, de modo que certos aspectos da relação jurídica não sejam adequadamente regulados. A incompletude contratual, para o Direito, pode ter um significado quase pejorativo.

---

[50] "Art. 3º. Constituem objetivos fundamentais da República Federativa do Brasil:
I – construir uma sociedade livre, justa e solidária;
II – garantir o desenvolvimento nacional;
III – erradicar a pobreza e a marginalização e reduzir as desigualdades sociais e regionais;
IV – promover o bem de todos, sem preconceitos de origem, raça, sexo, cor, idade e quaisquer outras formas de discriminação."

A Economia também reconhece que a incompletude contratual pode ser associada a um defeito do contrato. Seria o caso de contratos que deixam de prever uma disposição importante à relação que pretendem regular ou que possuem redação ambígua. HART e MOORE[51], citando AYRES e GERTNER, referem-se a tais contratos como *"obligationally incomplete"*, expressão que poderia ser traduzida como *"incompletos no tocante às obrigações"*.

HART e MOORE apontam como um exemplo de contrato *"obligationally incomplete"* aquele em que a parte "A" compromete-se a fornecer determinado material à parte "B" em 29 de fevereiro de 1998, embora tal data não exista.

A incompletude contratual que interessa à teoria econômica do contrato incompleto, contudo, é aquela que decorre de um ato voluntário e deliberado das partes contratantes, entendidas como agentes racionais (ainda que dotados de racionalidade limitada, como será discutido adiante). Nesses contratos, as partes livre e conscientemente deixam de disciplinar todas as possibilidades e eventualidades passíveis de surgir na execução do contrato, por motivações que serão tratadas a seguir.

A incompletude econômica, portanto, é livre e voluntária, mas, sobretudo, consciente e racional. Não podendo prever todas as circunstâncias que impactarão o contrato – e muitas vezes desconhecendo várias dessas circunstâncias –, as partes intencionalmente relegam a definição de alguns aspectos da relação a um momento posterior. Nesse sentido, comenta RACHEL SZTAJN:

> A existência de lacunas jurídicas não se confunde com a decisão, voluntária, de não dispor sobre contingências econômicas.
>
> A incompletude econômica pressupõe incapacidade fisiológica do contrato e dos contratantes de lidar com todas as modificações de circunstâncias posteriores à sua conclusão.[52]

É fácil notar que, embora distintas, as definições de incompletude contratual para o Direito e Para a Economia são altamente complemen-

---

[51] HART, Oliver e MOORE, John. **Foundations of Incomplete Contracts**. *In* Review of Economic Studies, v. 66, 1999, p. 134.
[52] SZTAJN, Rachel. **Supply Chain e Incompletude Contratual**. *In* Systemas – Revista de Ciências Jurídicas e Econômicas, vol. 1, pp. 25/26.

tares. O diálogo com a Economia tem potencial para fornecer enorme contribuição na discussão de temas atuais do Direito. Não é por outra razão que o estudo conjunto e interdisciplinar das duas ciências – comumente referido como *Law & Economics* ou análise econômica do Direito – vem ganhando crescente destaque no meio acadêmico.

Sempre que este trabalho menciona contratos incompletos, ele se refere à incompletude contratual em sua acepção econômica.

4.2. As Motivações da Incompletude Contratual

4.2.1. *Os Custos de Transação*

Um dos principais conceitos para entender as motivações da incompletude contratual em sua acepção econômica é o dos *custos de transação*. Em termos bastante genéricos, são classificados como custos de transação todos aqueles custos envolvidos em determinada transação entre duas ou mais partes.

Para praticar uma transação, as partes precisam pesquisar com quem podem praticar aludida transação, informar-se sobre a contraparte, conduzir negociações (de preço, condições de pagamento e de entrega, entre outras), redigir e formalizar um contrato, supervisionar o seu cumprimento e, eventualmente, promover sua execução forçada. Todos os custos envolvidos nessas diferentes etapas de uma transação podem ser classificados como *custos de transação*.

A doutrina ainda divide os custos de transação em **(a)** *ex ante*, que seriam aqueles surgidos na fase de negociação e de redação do contrato, e **(b)** *ex post*, entendidos como aqueles surgidos na execução do contrato e relacionados à correção de eventualidades.

O fluxograma a seguir resume os grupos básicos em que a doutrina divide os custos de transação e não pretende abarcar todas as várias formas que os custos de transação podem assumir em um contrato real:

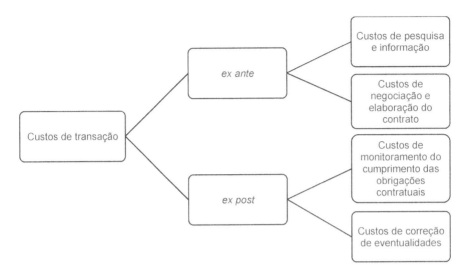

O conceito de custos de transação ganhou imenso destaque a partir do artigo *The Nature of the Firm*, publicado por RONALD COASE em 1937[53]. COASE utilizou-se da noção de custos de transação para explicar a organização de empresas, apontando uma tendência de organização vertical da produção (concentração de mais etapas produtivas dentro de uma mesma empresa), em substituição à solução horizontal de compra no mercado, quando os custos de transação forem maiores.

Em resumo, na visão de COASE, altos custos de transação estimulariam a verticalização da produção, enquanto baixos custos de transação estimulariam a aquisição no mercado.

A decisão das partes de contratar ou não, embora bastante interessante, é mais afeta à Economia do que ao Direito Contratual. O Direito Contratual parte do pressuposto de que as partes, economicamente racionais, analisaram a conveniência da transação e, no exercício da autonomia privada, optaram por contratar.

Os custos de transação jamais poderão ser absolutamente eliminados de um contrato. Eles estão presentes em qualquer contrato, podendo ser maiores ou menores a depender do caso – e reduzidos ou majorados, em um mesmo caso, a depender do arranjo contratual. Em geral, transações simples e esporádicas, como a compra e venda de um bem indi-

---

[53] COASE, Ronald. **The Nature of the Firm**. *In* Economica, New Series, vol. 4, n. 16, nov. 1937.

vidual, com pagamento à vista, têm custos de transação baixos. Transações mais complexas e continuadas, com a previsão de cumprimento de diversas obrigações por cada uma das partes, por vezes em diferentes momentos da vigência contratual, tendem a apresentar custos de transação mais elevados.

E aí está uma das chaves para entender o porquê de a incompletude econômica ser uma ferramenta útil para a redação contratual. Quando, por qualquer motivo, os custos de transação necessários para tornar um contrato mais "completo" forem proibitivos – e assumindo aqui a premissa de que seria tecnicamente possível tornar dado contrato mais completo, o que nem sempre é o caso (até porque, como visto, um contrato verdadeiramente completo só existe no campo da teoria) – as partes intencionalmente deixarão de o fazer, optando por trabalhar com um contrato incompleto.

Trata-se de uma estratégia de alocação de risco pautada pela eficiência: as partes sempre buscam obter um *contrato eficiente*. Quando os custos de transação necessários à obtenção de um contrato mais completo são elevados a ponto de tornar a contratação ineficiente ou até mesmo injustificável, as partes optam por reduzir os custos de transação *ex ante*, aceitando conviver com um contrato menos completo e assumindo o risco de aumentar os custos *ex post*, relacionados à readequação das obrigações contratuais durante a sua execução.

Imagine-se, por exemplo, que uma geradora de energia elétrica e uma fábrica de automóveis contratem o fornecimento de energia elétrica por vinte anos. Embora seja possível estabelecer no momento da contratação, o preço exato a ser pago pela energia durante todo o prazo contratual, esta provavelmente não será a solução adotada pelas partes. O mais provável é que o contrato estabeleça parâmetros para a fixação do preço durante a execução do contrato.

Isso acontece porque inúmeras variáveis podem afetar o preço da energia, como condições climáticas, políticas, econômicas e mercadológicas e os custos relacionados ao estudo e projeção dessas variáveis seriam, se não proibitivos, altamente ineficientes: o preço desses estudos seria altíssimo, encarecendo a operação para ambas as partes e, ainda assim, seriam grandes as chances de uma ou mais variáveis projetadas não se verificarem na prática.

Tanto melhor, então, que o contrato preveja as regras para a revisão do preço e de eventuais outras condições ao longo de sua execução. Aí reside a importância do negócio jurídico processual para os contratos incompletos: se, de um lado, a inclusão de negócios processuais em um contrato pode aumentar os custos de transação *ex ante* ao impor maior complexidade na redação contratual, de outro, ela tem grande potencial de limitar os custos de transação *ex post* relativos à revisão do contrato pela via judicial. Há casos em que o uso de negócios contratuais pode, até mesmo, reduzir os custos *ex ante*, como será tratado em detalhe no item 5.2, adiante.

4.2.2. *A Racionalidade Limitada dos Contratantes e a Assimetria de Informação*

Ainda que as partes contratantes estejam dispostas a assumir todos os custos de transação relacionados com a redação de um contrato "completo", tal contrato não passa de uma possibilidade teórica. Isso porque os contratantes jamais serão capazes de prever toda e qualquer situação que pode de alguma forma afetar o contrato.

Nessa linha, a teoria econômica da incompletude contratual pondera que os agentes econômicos, embora racionais, dispõem de informações em quantidade e qualidade limitadas, geralmente insuficientes para se adotar uma decisão "ótima". A limitação das informações de que dispõem os contratantes pode decorrer do alto custo relacionado à obtenção de todas as informações relevantes, à complexidade do ambiente (em seus vários aspectos, como negocial, político e econômico) e à incerteza decorrente do decurso do tempo.

Dessa limitação da racionalidade dos contratantes decorre a impossibilidade de se prever e regular toda e qualquer eventualidade com o potencial de afetar o contrato. Daí decorre, por sua vez, a importância das ferramentas de revisão e readequação do contrato em sua fase de execução.

Outra questão intimamente relacionada à racionalidade limitada dos contratantes é a assimetria de informação entre as partes e os comportamentos oportunistas que podem dela decorrer. Diz-se que as informações estão distribuídas de forma assimétrica quando uma das partes possui informações em quantidade e/ou profundidade à qual a outra parte não tem acesso. O exemplo clássico é o do vendedor de um dado produto, que, em geral, conhece muito mais a respeito de suas qualidades e defeitos do que o comprador.

O Direito oferece ferramentas para, em alguma medida, corrigir a assimetria de informação e as condutas oportunistas, como o princípio da boa-fé objetiva, anteriormente endereçado. De qualquer forma, existindo assimetria de informação no momento da contratação, por consectário lógico, a parte prejudicada dela não se aperceberá antes da execução do contrato (*ex ante*), mostrando-se importante, mais uma vez, a possibilidade de correção da assimetria *ex post*.

4.2.3. *A Longa Duração do Contrato: Contratos de Execução Continuada ou Diferida*

Contratos de execução imediata ou instantânea estão obviamente menos suscetíveis às eventualidades decorrentes do tempo, uma vez que se solucionam de uma só vez e por prestação única. Por essa razão, a incompletude contratual ganha especial destaque nos contratos de longa duração, sejam eles de execução continuada (de trato sucessivo) ou diferida.

RACHEL STAJN assim aborda a questão:

> Quanto mais longo for o tempo entre a celebração do contrato e sua execução, quando o negócio envolver a produção de bens especiais destinados a fins específicos, não-padronizados, e, portanto, não facilmente renegociáveis, postulam-se novos problemas em nada similares àqueles tradicionalmente estudados no Direito.
>
> A imprevisibilidade de ocorrência de eventos que possam afetar as prestações das partes, a execução do contrato, se amplificam.[54]

Contratos cuja execução se estende no tempo estão mais sujeitos a alterações das circunstâncias econômicas, políticas e, até mesmo, naturais. Ainda que o contrato adote uma rígida alocação de riscos, a própria noção da incompletude contratual indica que pode haver um ou outro evento não previsto, a ensejar a necessidade de readequação do contrato.

---

[54] SZTAJN, Rachel. **A Incompletude do Contrato de Sociedade**. *In* Revista da Faculdade de Direito da Universidade de São Paulo, vol. 99, pp. 289/290.

4.3. A Revisão Contratual no Âmbito do Contrato Incompleto

Como visto nos itens anteriores, os contratos incompletos, sobretudo aqueles de execução continuada ou diferida, estão sujeitos ao surgimento de situações, durante a sua execução, que exijam a readequação de seus termos e, até mesmo, a revisão das obrigações de cada uma das partes.

Nesse sentido, UINIE CAMINHA e JULIANA CARDOSO LIMA apontam que:

> É, sim, possível concluir que a teoria econômica do contrato incompleto amplia a hipótese de revisão que se baseia na teoria da imprevisão, inovando, portanto, a ordem jurídica e abrindo novos caminhos para esse novo tipo de contrato que se impõe ao Brasil que começa a trilhar rumo à estabilidade financeira e assegurar aos contratantes uma base mais sólida e possível para permitir a "ousadia" dos contratos de longa duração.[55]

A revisão dos contratos pode ser feita pelas próprias partes ou por um terceiro, como um árbitro, mediador ou um juiz. É claro que uma solução consensual será sempre preferível, já que será mais rápida, barata e eficaz do que uma solução que dependa de qualquer intervenção de um terceiro.

Isso porque, inevitavelmente, um terceiro terá informações em menor qualidade e quantidade do que aquelas de que dispõem as partes contratantes, ainda que entre elas haja alguma assimetria de informação. Por essa razão a doutrina aponta a importância da cooperação das partes não apenas na fase de negociação e redação do contrato, mas, principalmente, no momento de sua execução. Sempre haverá casos, porém, em que a intervenção de um terceiro será necessária.

De qualquer forma, na medida em que a possibilidade de readequação dos termos contratuais durante sua execução é da natureza dos contratos incompletos, é essencial que eles prevejam formas eficientes de revisão, tanto pelas partes, quanto por terceiros.

---

[55] CAMINHA, Uinie e LIMA, Juliana Cardoso. **Contrato incompleto: uma perspectiva entre direito e economia para contratos de longo termo.** *In* Revista Direito GV, vol. 19, p. 194.

4.3.1. Fundamento Jurídico da Revisão de Contratos Incompletos: Teoria da Imprevisão?

Como visto, Uinie Caminha e Juliana Cardoso Lima apontam que o fundamento jurídico para a revisão dos contratos incompletos seria a teoria da imprevisão. A revisão contratual baseada na teoria da imprevisão é normalmente tratada em conjunto com a revisão e resolução contratuais por onerosidade excessiva. Nesse sentido, os artigos 317 e 478 a 480 do Código Civil Brasileiro associam a teoria da imprevisão com a configuração de onerosidade excessiva. Destacam-se as principais disposições do Código Civil sobre o tema:

> **Art. 317.** Quando, por motivos imprevisíveis, sobrevier desproporção manifesta entre o valor da prestação devida e o do momento de sua execução, poderá o juiz corrigi-lo, a pedido da parte, de modo que assegure, quanto possível, o valor real da prestação.
>
> **Art. 478.** Nos contratos de execução continuada ou diferida, se a prestação de uma das partes se tornar excessivamente onerosa, com extrema vantagem para a outra, em virtude de acontecimentos extraordinários e imprevisíveis, poderá o devedor pedir a resolução do contrato. Os efeitos da sentença que a decretar retroagirão à data da citação.
>
> **Art. 479.** A resolução poderá evitada, oferecendo-se o réu a modificar equitativamente as condições do contrato.

A teoria da imprevisão, nos termos delineados pelo Código Civil, baseia-se na assunção de que acontecimentos novos, extraordinários e imprevisíveis que impactem o objeto do contrato ou o seu valor permitem a resolução do contrato ou a revisão das obrigações nele previstas, tornando-as adequadas ao contexto superveniente.

Arnoldo Wald explica a teoria da imprevisão da seguinte forma:

> A teoria da imprevisão considera o contrato não como negócio isolado, mas como algo que se insere dentro de uma realidade e está sujeito às incertezas inevitáveis, próprias e imanentes do futuro. Assim, ela é aplicada quando há modificação das circunstâncias de forma a onerar excessivamente uma das partes, isto é, busca retomar o equilíbrio quando os contratantes não vislumbram mais a mesma realidade em que foi celebrado o contrato. Em última análise, ela está relacionada com o contrato no tempo, e seu objetivo

é tutelar as partes da alteração da realidade que era desconhecida no momento da realização do contrato.[56]

Assim, a doutrina e a legislação brasileiras associam *imprevisão* **(a)** à ideia de *"imprevisível"* – e não às ideias de *"simplesmente não previsto"* ou de *"conscientemente não previsto"* –, **(b)** à ocorrência de fatos extraordinários e graves a ponto de onerar excessivamente um dos contratantes[57] e **(c)** à geração de extrema vantagem ao outro contratante. Assim, a teoria da imprevisão justificaria a flexibilização do *pacta sunt servanda*.

Tratando-se de hipótese extraordinária de revisão, a teoria da imprevisão encontra aplicação restritiva pelos Tribunais. Nesse sentido, vários são os precedentes judiciais que apontam o seu cabimento somente quando o fato extraordinário e imprevisível causador da onerosidade excessiva não estiver coberto pelos riscos próprios da contratação. Por essa razão, a jurisprudência pátria não tem admitido a aplicação da teoria da imprevisão em caso de inflação excessiva, recessão econômica ou flutuação de preços de ativos negociados em bolsa de valores[58].

Como visto, a revisão contratual baseada na teoria da imprevisão afasta, ainda que parcialmente, a vontade declarada pelas partes. Embora seja plenamente possível que a teoria da imprevisão, em situações

---

[56] WALD, Arnoldo. **Direito Civil: Direito das Obrigações e Teoria Geral dos Contratos**, 18ª ed., São Paulo, Saraiva, 2009, p. 310.

[57] Embora o Código Civil mencione a necessidade de que a onerosidade excessiva a um dos contratantes venha acompanhada de geração de extrema vantagem a outro, a doutrina tende a dispensar tal requisito. Nesse sentido, SILVIO VENOSA: *"A possibilidade de intervenção judicial no contrato ocorrerá quando um elemento surpresa, uma circunstância nova, surja no curso do contrato, colocando em situação de extrema dificuldade um dos contratantes, isto é, ocasionando uma excessiva onerosidade em sua prestação. Nem sempre essa onerosidade equivalerá a um excessivo benefício em prol do credor."* in VENOSA, Silvio de Salvo. **Direito Civil: Teoria Geral das Obrigações e Teoria Geral dos Contratos**, v. 2, São Paulo, Atlas, 2003, p. 462.

[58] Nesse sentido, no julgamento do Recurso Especial nº 860.277/GO, o Superior Tribunal de Justiça entendeu ser inaplicável a teoria da imprevisão em contrato de compra futura de soja. Nos termos do voto do relator, LUIS FELIPE SALOMÃO: "É inaplicável a contrato de compra futura de soja a teoria da imprevisão, porquanto o produto vendido, cuja entrega foi diferida a um curto espaço de tempo, possui cotação em bolsa de valores e a flutuação diária do preço é inerente ao negócio entabulado" (BRASIL, Superior Tribunal de Justiça, **Recurso Especial nº 860.277/GO**, Relator Ministro Luis Felipe Salomão, Quarta Turma, julgado em 3.8.2010).

extraordinárias, encontre aplicação em contratos incompletos, o fundamento jurídico da revisão dos contratos incompletos, de forma ordinária, reside na *própria vontade declarada pelas partes contratantes*.

Em outras palavras, os contratantes, no momento da redação contratual, optam pela incompletude e, consequentemente, pela complementação e readequação dos termos contratados durante a execução do contrato incompleto. Assim, a revisão dos contratos incompletos nem sempre exigirá a ocorrência de acontecimentos extraordinários e imprevisíveis, e tampouco que a prestação de uma das partes se torne excessivamente onerosa ou que tais acontecimentos gerem extrema vantagem para a outra parte. Volta-se, aqui, à oposição entre as ideias de *"imprevisível"* e *"não previsto"*.

A revisão dos contratos incompletos, portanto, terá lugar sempre que as partes, deparando-se com situações intencionalmente não previstas (em oposição ao conceito de *"imprevisíveis"*), desejarem a complementação do contrato e/ou a readequação dos seus termos. A revisão desses contratos prescinde, portanto, de acontecimentos *imprevisíveis* – acontecimentos conscientemente não previstos no contrato, como forma de minimizar custos de transação, também podem justificar a sua revisão. Em outras palavras, acontecimentos *ordinários*, mas não previstos na formação do contrato, podem justificar a revisão de contratos incompletos, se assim for da vontade dos contratantes.

Por fim, a configuração de extrema vantagem para um dos contratantes e até mesmo a onerosidade excessiva não são requisitos essenciais para a revisão de contratos incompletos. Como visto, contratos incompletos baseiam-se na cooperação entre os contratantes e no objetivo comum de se preservar o contrato. Readequações ao longo da fase de execução são da própria natureza dos contratos incompletos.

Se a revisão contratual fundada na onerosidade excessiva representa uma exceção ao princípio do *pacta sunt servanda*, há casos em que a revisão fundada na incompletude contratual pode representar, justamente ao contrário, uma verdadeira *expressão* do princípio do *pacta sunt servanda*: é da vontade das partes de um contrato incompleto que haja complementação e revisão das obrigações contratuais quando necessário.

Assim, a revisão dos contratos incompletos, em situações ordinárias, pode basear-se na própria vontade declarada pelas partes contratantes, não se associando, necessariamente, à onerosidade excessiva e à configuração dos requisitos do art. 478 do Código Civil, se os contratantes assim entenderem. Em situações extraordinárias, sua revisão também pode encontrar amparo na teoria da imprevisão, desde que configurados os requisitos para tanto.

5. O Negócio Jurídico Processual como Ferramenta de Suporte à Revisão Contratual

Como apontado no capítulo anterior, admitida a natureza incompleta (em acepção econômica) dos contratos, sobretudo daqueles de longa duração, e a consequente necessidade de revisão durante a sua execução, é importante que eles tragam em suas cláusulas ferramentas de revisão e readequação.

Tratando-se da hipótese de revisão por terceiros, duas são as principais ferramentas de revisão: arbitragem e processo judicial estatal. Em contratos de grande complexidade e dimensão econômica, a arbitragem tende a ser a via preferida. A imensa maioria dos contratos, porém, sujeitar-se-á à via do processo judicial estatal.

Na vigência do Código de Processo Civil de 1973, os contratantes pouco podiam fazer a respeito das regras procedimentais aplicáveis aos contratos que se sujeitariam à revisão judicial. Quando muito, pactuavam a eleição de foro na esperança de obter um julgamento mais célere ou sofisticado.

Nesse sentido, a possibilidade de as partes celebrarem negócios jurídicos processuais, largamente ampliada pelo Código de Processo Civil de 2015, representa um enorme avanço, possibilitando que a revisão contratual pela via judicial se adeque às particularidades de cada contrato.

Ao fixarem de antemão "*as regras do jogo*", as partes podem reduzir significativamente os custos de transação, ao tempo em que alcançam uma maior segurança jurídica. Nessa linha, os negócios processuais firmados como parte de um contrato têm maior relevância como ferramenta de administração de custos de transaçõ e de risco do que aqueles firmados após o ajuizamento de um processo.

CADIET resume as razões dessa constatação:

> Esta previsión es un ejercicio de sabiduría contractual, ya que el momento de la firma de un contrato es el más propicio a la conclusión de las cláusulas relativas al litigio susceptible de surgir entre las partes. En ese momento, evidentemente, existe un acuerdo entre las partes y este les permite considerar, fría y serenamente, la posibilidad de incumplimiento de sus obligaciones y una solución para ese hipotético desacuerdo. Sin ninguna duda, es más fácil ponerse de acuerdo en la manera de resolver un litigio que no ha comenzado que solucionar un litigio ya existente.[59]

Portanto, é conveniente que os negócios processuais sejam negociados antes da existência de um litígio e preferencialmente ao mesmo tempo do restante do contrato, quando as partes tendem a cooperar reciprocamente para a previsão de regras procedimentais eficazes.

A concretização de negócios processuais eficientes pode beneficiar não apenas as partes contratantes, mas todo o sistema judiciário. É verdade que, ao menos em uma fase inicial, o negócio jurídico processual deve ser ferramenta mais ou menos restrita a contratos complexos, em que os contratantes são assessorados por equipes altamente qualificadas desde o momento da negociação do contrato até o momento de sua revisão judicial. Por outro lado, também é verdade que processos discutindo contratos complexos tendem a ser aqueles que, considerados individualmente, tomam mais tempo do Poder Judiciário.

Assim, ao permitir que o Poder Judiciário julgue tais casos com maior celeridade, a ferramenta do negócio jurídico processual colaborará para desafogar os Tribunais, beneficiando o sistema como um todo.

---

[59] CADIET, Loïc. **Los acuerdos procesales en derecho francés: situación actual de la contratualización del processo y de la justicia en Francia**, 2011, p. 7. Em tradução livre: Essa previsão é um exercício de sabedoria contratual, uma vez que o momento de assinatura de um contrato é o mais propício para a conclusão das cláusulas relativas ao litígio que possa surgir entre as partes. Naquele momento, evidentemente, existe um acordo entre as partes e isso permite que elas considerem, friamente e com serenidade, a possibilidade de descumprimento de suas obrigações e uma solução para esse hipotético desacordo. Sem dúvida alguma, é mais fácil chegar a um acordo sobre a maneira de resolver um litígio que não tenha começado do que resolver um litígio existente.

Por tal razão, com a adoção de negócios processuais em larga escala, não é exagero imaginar que pode haver um impacto positivo na celeridade dos processos não apenas para as partes contratantes, mas, também, para os demais litigantes.

5.1. A Viabilização de um Processo mais Célere e Eficiente

Como mencionado anteriormente, os negócios processuais têm grande potencial de promover um processo mais eficiente e célere. Isso acontece porque, ao permitir uma grande flexibilização procedimental, o negócio processual propicia às partes uma possibilidade inédita de adaptação do processo ao caso concreto.

Ainda que a legislação processual preveja procedimentos especiais, esse modelo possui limitações e é incapaz de lidar com o crescimento da complexidade e com a diversificação das questões levadas a juízo[60].

O processo estatal propicia um procedimento padronizado, capaz de atender razoavelmente bem aos casos que lhe são submetidos. E isso não é um defeito, mas uma característica intrínseca do modelo processual estatal: o Estado deve oferecer uma solução estandardizada, com procedimentos e mecanismos eficientes na maior parte dos casos. O modelo processual estatal não pode trabalhar com a exceção e com as infinitas particularidades dos casos que lhe são submetidos.

Assim, se a maior complexidade e diversidade dos assuntos levados a juízo decorre da autonomia das partes, nada mais coerente que seja conferida às partes a possibilidade de preverem soluções sob medida para os seus processos. Afinal, as partes de um litígio são as maiores conhecedoras das necessidades e das particularidades do caso.

Ao adaptarem os procedimentos judiciais às particularidades do caso concreto, as partes podem obter um processo mais célere, mais eficiente e, muitas vezes, mais barato. Vale notar, contudo, que nem sempre essas características serão simultâneas e que as partes poderão privilegiar alguns desses aspectos em detrimento de outros.

Por exemplo, ao prever o julgamento em instância única, as partes certamente obterão um processo mais rápido e mais barato do que se permitissem a interposição de recursos. No entanto, uma decisão proferida em instância única poderá se mostrar menos eficiente, na medida

---

[60] CABRAL, Antonio do Passo. **Convenções Processuais.** Salvador, JusPodivm, 2016, p. 195.

em que não submetida ao crivo das instâncias superiores e a eventuais ajustes em fase recursal.

Em outros casos, as partes poderão privilegiar a eficiência, aqui entendida como a obtenção de uma solução *melhor* e não necessariamente mais rápida. Nesse caso, as partes poderão celebrar negócios processuais prevendo, por exemplo, tentativas de conciliação e mediação prévias ao processo judicial ou perícias mais abrangentes.

O balanço ideal entre eficiência e celeridade somente poderá ser aferido pelas partes em cada caso concreto. Cabe, porém, a ressalva feita por CABRAL no sentido de que *"a economia de tempo deve ser unida com o propósito de efetividade, até porque duração razoável não significa rapidez a qualquer preço"*[61].

Independentemente dos aspectos que as partes optem por privilegiar em cada caso, os negócios processuais concedem maior previsibilidade ao processo. Por consequência, esses negócios têm potencial de reduzir a insegurança jurídica decorrente de fatores como a morosidade do Poder Judiciário, as várias possibilidades recursais e a eventual nomeação de peritos judiciais com pouca familiaridade com os assuntos discutidos em determinado caso.

5.2. A Redução dos Custos de Transação

A maior celeridade e eficiência promovidas pela figura do negócio jurídico processual tem duas faces. A primeira, tratada anteriormente, é o aumento da segurança jurídica. A segunda, é a redução dos custos de transação.

Como visto anteriormente, uma das razões para os contratos serem incompletos é o desejo dos contratantes de reduzir os custos de transação. Os negócios jurídicos processuais têm o potencial de reduzir tanto os custos de transação *ex ante*, presentes no momento da negociação e da redação contratual, quanto os custos de transação *ex post*, surgidos na fase de execução.

Pouco há a se discutir quanto ao potencial de redução dos custos de transação *ex post*. Se as partes podem estabelecer regras para a resolução judicial de disputas relativas a um contrato, elas têm maior ingerência – e, consequentemente, maior grau de certeza – sobre o processo judicial,

---

[61] CABRAL, Antonio do Passo. **Convenções Processuais**. Salvador, JusPodivm, 2016, p. 203.

o que permite a redução e a previsão mais precisa dos custos relativos a eventual disputa judicial. Será obviamente mais barato litigar em um processo com limitação a recursos e a determinados meios de prova, por exemplo.

Nesse aspecto, voltam a ter destaque os negócios processuais celebrados no momento da formação do contrato, quando a cooperação entre as partes é maior do que após o surgimento de uma disputa. Se no momento da formação do contrato há um desejo comum de se reduzir mutuamente os custos com eventuais litígios, é frequente que, uma vez que um litígio se concretiza, as partes tentem aumentar os custos uma da outra, seja como forma de alavancagem para eventual negociação, seja simplesmente por uma *mudança de espírito*, com o abandono da postura cooperativa em favor de uma postura competitiva.

Nas palavras de MARK WEIDEMER, *"the problem with deferred negotiations, however, is that the parties' interests diverge ex post"* [62]. WEIDEMER, embora tratando da fase processual de *discovery*, inexistente no sistema brasileiro de *civil law*, fornece um exemplo bastante elucidativo sobre essa mudança de comportamento após a formação do litígio:

> *Customized procedure can do more than increase accuracy. All else equal, parties should prefer to minimize dispute resolution costs – for example, by voluntarily exchanging relevant information and foregoing unnecessary discovery – and they may sacrifice some accuracy to attain this goal. Once a dispute occurs, however, each has an incentive to withhold information and exploit discovery devices. In our hypothetical sales contract, Seller holds most of the information relevant to its efforts to perform and may be tempted to withhold unfavorable evidence. For its part, Buyer may try to gain an edge by using discovery devices to increase Seller's litigation costs. Lawyers can mitigate these tendencies but also exacerbate them. Again, customized procedure promises a solution. To reduce the risk of discovery abuse, the parties might agree to limit their access to discovery.* [63]

---

[62] WEIDEMER, W. Mark C. Customized Procedure in Theory and Reality. *In* Washington and Lee Law Review, vol. 72, 2015, p. 1880. Em tradução livre: o problema com negociações diferidas [para depois do surgimento do litígio], contudo, é que os interesses das partes divergem *ex post*.

[63] WEIDEMER, W. Mark C. **Customized Procedure in Theory and Reality**. *In* Washington and Lee Law Review, vol. 72, 2015, pp. 1877/1878. Em tradução livre: O procedimento personalizado pode fazer mais do que aumentar a precisão. Com todo o restante inalterado, as partes devem preferir minimizar os custos de resolução de disputas – por exemplo, trocando

Já o potencial de redução dos custos de transação *ex ante* traz um aspecto curioso: os negócios jurídicos processuais operam *ex post*, na fase de execução do contrato. Como, então, eles podem reduzir os custos de transação relativos ao momento de negociação e redação do contrato?

Os negócios jurídicos processuais, na medida em que podem oferecer vantagens de natureza procedimental a uma das partes, podem compensar condições adversas de natureza material. A lógica é similar àquela por trás do uso de garantias: um contrato de empréstimo, por exemplo, tenderá a ter juros mais baixos sempre que o devedor fornecer garantias reais ou pessoais, pois as garantias fornecem ao credor uma maior probabilidade de adimplemento. Um contrato de empréstimo que conte com negócios processuais capazes de promover maior celeridade a eventual processo de execução, da mesma forma, reduz o risco do credor.

WEIDEMER, novamente, apresenta um exemplo interessante: um fornecedor novo, em um mercado repleto de fornecedores já bem estabelecidos, pode ter dificuldade de convencer compradores de que seu produto é bom e confiável. O fornecedor poderia, então, demonstrar a confiança em seu produto ao celebrar com o comprador um negócio jurídico processual em que ele, fornecedor, assume o ônus da prova em qualquer litígio relativo à qualidade do produto fornecido[64].

No exemplo de WEIDEMER, ao assumir um negócio jurídico processual que lhe impõe condições desfavoráveis em eventual litígio, o fornecedor viabiliza uma venda que possivelmente não ocorreria em outras condições, porque o comprador não estaria disposto a assumir custos de

---

voluntariamente informações relevantes e renunciando a procedimentos de *discovery* desnecessários – e podem sacrificar alguma precisão para atingir esse objetivo. No entanto, quando ocorre uma disputa, cada um tem um incentivo para reter informações e explorar dispositivos de descoberta. Em nosso contrato de venda hipotético, o Vendedor detém a maioria das informações relevantes para sua tese e pode ser tentado a reter provas que lhe são desfavoráveis. Por seu turno, o comprador pode tentar ganhar uma vantagem usando o procedimento de *discovery* para aumentar os custos de litígio do Vendedor. Os advogados podem atenuar essas tendências, mas também exacerbá-las. Novamente, o procedimento personalizado promete uma solução. Para reduzir o risco de abuso de descoberta, as partes podem concordar em limitar seu acesso ao procedimento de *discovery*.

[64] WEIDEMER, W. Mark C. **Customized Procedure in Theory and Reality.** *In* Washington and Lee Law Review, vol. 72, 2015, p. 1879.

transação mais elevados decorrentes da contratação com um fornecedor desconhecido.

Nesse exemplo, a redução dos custos de transação *ex post* para o comprador promoveria, também, a redução dos custos de transação *ex ante* relacionados à pesquisa a respeito do fornecedor e à negociação de outros mecanismos de controle do risco de o comprador receber um produto de qualidade inferior à esperada.

Pelo exposto, percebe-se o grande potencial dos negócios jurídicos processuais como uma ferramenta de redução dos custos de transação e gestão de riscos, o que demonstra a sua relevância para os contratos incompletos.

5.3. A Importância dos "Considerandos"

Como será discutido no Capítulo 6, os negócios jurídicos processuais serão levados ao exame dos Tribunais sempre que um litígio se concretizar. Ainda que deles se espere uma atuação limitada à confirmação da *validade* desses negócios, preservando a autonomia privada, vale uma recomendação geral, aplicável a quaisquer negócios jurídicos processuais inseridos em um contrato e, portanto, anteriores à existência de um processo: a exposição, no contrato, das circunstâncias negociais que levaram as partes a firmar os negócios jurídicos processuais ali presentes.

Em uma análise conduzida por um terceiro, que não participou da negociação do contrato e que, consequentemente, desconhece suas circunstâncias, os negócios processuais podem parecer favoráveis a apenas uma das partes. Dessa constatação, o terceiro pode, equivocadamente, entender que os negócios processuais geram desequilíbrio contratual, quando, na verdade, eles contribuem para o seu equilíbrio, contrapondo à vantagem processual uma vantagem de ordem material.

A exposição das circunstâncias que levaram as partes a incluir determinados negócios processuais em um contrato colabora com a atividade do Juiz de verificação de sua *validade*, aumentando significativamente as chances de preservação daqueles negócios.

Daí a importância do uso de *"considerandos"* também em relação aos negócios processuais, demonstrando o contexto econômico e negocial por trás de suas disposições. Plenamente aplicável, aqui, a lição de RODRIGO FERNANDES REBOUÇAS:

Esta é a árdua tarefa do advogado moderno, apresentando soluções seguras, dinâmicas e viáveis para seus clientes sem ofender os princípios norteadores do Código Civil, no qual a parte/capítulo do contrato destinado a descrever os 'considerandos' nas minutas contratuais ganha principal destaque – torna-se o verdadeiro astro de um contrato por descrever as circunstâncias negociais em que está fixada a base objetiva e subjetiva de um determinado negócio jurídico, cabendo a tal capítulo ('considerandos') retratar as circunstâncias jurídicas pelas quais as partes decidiram concluir determinado negócio jurídico na forma manifestada no contrato. Em última análise, é a demonstração de sua verdadeira estrutura econômica e funcional, de forma a evitar possíveis revisões de negócios jurídicos ou, ainda, a revisão com base em fundamentos econômico-financeiros.[65]

Portanto, é altamente recomendável aos contratantes que fizerem uso de cláusulas instituindo negócios processuais, que deixem claro, por meio do uso de *"considerandos"*, as razões por trás de cada negócio processual e, quando possível, as circunstâncias de ordem material que os levaram a firmar um negócio processual que institua condições processuais mais favoráveis a uma das partes.

5.4. Propostas de Uso e Exemplos Concretos

É virtualmente impossível cogitar um rol exaustivo de negócios jurídicos processuais, sobretudo por se estar ainda na fase inicial de seu uso no Brasil e pelo fato de o CPC/2015 ter permitido a criação de negócios processuais atípicos. Não obstante, é possível delinear diversas propostas de uso úteis e relativamente seguras, já analisadas no âmbito de grupos de estudo, Fóruns de Processualistas e de Magistrados.

A ideia do rol a seguir é a de apresentar sugestões de temas ainda pouco usuais na prática contratual. Por essa razão, ele não inclui hipóteses clássicas de negócio jurídico processual, há muito aceitas no processo civil brasileiro, como as cláusulas arbitral e de eleição de foro.

---

[65] REBOUÇAS, Rodrigo Fernandes. **Os princípios e os Institutos de Direito Civil**, Rio de Janeiro, Lumen Juris, 2015, p. 105.

5.4.1. *Organização do Processo: Prazos, Calendário, Saneamento e Julgamento Antecipado*

a. Mediação ou conciliação extrajudiciais prévias obrigatórias

A previsão de que eventual processo deve ser precedido de mediação ou conciliação pode ser uma ferramenta importante e extremamente útil, na medida em que tem o condão de pôr fim ao conflito antes mesmo do ajuizamento de uma ação judicial.

Tal qual uma cláusula arbitral, é importante que eventual cláusula prevendo conciliação ou mediação extrajudiciais preveja os critérios a serem adotados nessa fase ou aponte o órgão responsável pela mediação ou conciliação e o regulamento a ser adotado.

Nesse sentido, a Lei de Mediação e Conciliação (Lei nº 13.140/2015), em seu artigo 22[66], prevê os requisitos mínimos da previsão contratual de mediação, assim como os critérios a serem observados caso a previsão contratual não seja completa.

---

[66] "Art. 22. A previsão contratual de mediação deverá conter, no mínimo:
I – prazo mínimo e máximo para a realização da primeira reunião de mediação, contado a partir da data de recebimento do convite;
II – local da primeira reunião de mediação;
III – critérios de escolha do mediador ou equipe de mediação;
IV – penalidade em caso de não comparecimento da parte convidada à primeira reunião de mediação.
§ 1º A previsão contratual pode substituir a especificação dos itens acima enumerados pela indicação de regulamento, publicado por instituição idônea prestadora de serviços de mediação, no qual constem critérios claros para a escolha do mediador e realização da primeira reunião de mediação.
§ 2º Não havendo previsão contratual completa, deverão ser observados os seguintes critérios para a realização da primeira reunião de mediação:
I – prazo mínimo de dez dias úteis e prazo máximo de três meses, contados a partir do recebimento do convite;
II – local adequado a uma reunião que possa envolver informações confidenciais;
III – lista de cinco nomes, informações de contato e referências profissionais de mediadores capacitados; a parte convidada poderá escolher, expressamente, qualquer um dos cinco mediadores e, caso a parte convidada não se manifeste, considerar-se-á aceito o primeiro nome da lista;
IV – o não comparecimento da parte convidada à primeira reunião de mediação acarretará a assunção por parte desta de cinquenta por cento das custas e honorários sucumbenciais caso venha a ser vencedora em procedimento arbitral ou judicial posterior, que envolva o escopo da mediação para a qual foi convidada.[...]"

Uma interessante questão é o surgimento da necessidade de uma tutela de urgência relativa a um contrato com previsão de mediação ou conciliação extrajudiciais prévias obrigatórias. Poderia a parte prejudicada recorrer diretamente ao judiciário, buscando uma tutela de urgência?

A solução é fornecida pelo artigo 23, caput e parágrafo único da Lei de Mediação e Conciliação, que permite a busca de tutela judicial em caso de medida de urgência *"em que o acesso ao Poder Judiciário seja necessário para evitar o perecimento do direito"*. Portanto, presentes os pressupostos da tutela de urgência, a parte poderia buscar referida tutela pela via judicial sem a necessidade de buscar previamente a mediação ou conciliação extrajudiciais obrigatórias.

Conforme enunciado 19 do Fórum Permanente de Processualistas Civis, a previsão de mediação ou conciliação extrajudiciais prévias pode vir acompanhada, ainda, da dispensa da audiência de conciliação no âmbito judicial, prevista no artigo 334 do CPC/2015[67], que, em muitos casos, revela-se pouco eficaz.

b. Dispensa da audiência de conciliação ou de mediação prevista no artigo 334 do CPC/2015

A mediação e a conciliação são ferramentas altamente eficazes quando utilizadas com a seriedade necessária. Como mencionado acima, porém, a audiência de conciliação realizada no âmbito judicial muitas vezes é pouco eficaz, não passando de mera formalidade que atrasa o desenvolvimento do processo.

Nesse sentido, o Relatório Justiça em Números 2017, divulgado pelo Conselho Nacional de Justiça ("CNJ")[68], aponta que apenas 12% dos processos judiciais encerrados em 2016 foram resolvidos por meio de acordo.

Assim, se julgarem conveniente no caso concreto, as partes poderão dispensar a audiência de conciliação ou mediação. A jurisprudência já acena positivamente para a dispensa da referida audiência, como se

---

[67] "Art. 334. Se a petição inicial preencher os requisitos essenciais e não for o caso de improcedência liminar do pedido, o juiz designará audiência de conciliação ou de mediação com antecedência mínima de 30 (trinta) dias, devendo ser citado o réu com pelo menos 20 (vinte) dias de antecedência."

[68] CONSELHO NACIONAL DE JUSTIÇA, **Relatório Justiça em Números 2017** (ano-base 2016).

observa do seguinte acórdão do Tribunal de Justiça do Distrito Federal e dos Territórios:

> APELAÇÃO CÍVEL. [...] AUSÊNCIA EM AUDIÊNCIA DE CONCILIAÇÃO. MULTA. PRÉVIO AJUSTE DE DISPENSA DA PRESENÇA. PENALIDADE DESCABÍVEL. [...]
> 1. Não se aplica a multa prevista para os casos de ausência injustificada de uma das partes à audiência de conciliação (art. 334, §8º, do CPC), quando houve acordo em que se dispensava a presença dos litigantes na próxima audiência.
> [...]
> Se autor e ré, em acordo regular, dispensaram a exigência de comparecimento na audiência seguinte, nenhuma das partes poderia ser punida por agir conforme o avençado, sob pena de se instaurar comportamento contraditório nos autos.[69]

No caso em referência, reconhecendo a validade de negócio processual consistente na dispensa de comparecimento em segunda audiência de conciliação, o Tribunal afastou multa imposta ao autor em primeira instância em razão de sua ausência na referida audiência.

Também merece destaque o crescente número de decisões que, ao receber petições iniciais que contenham manifestação expressa de desinteresse na designação de audiência de conciliação ou que sejam silentes quanto a tal tema, sugerem a dispensa da audiência de conciliação prevista no artigo 334 do CPC.

Transcreve-se, a seguir, uma decisão nesse sentido, proferida pela Juíza Rossana Gelain, da 1ª Vara Cível da Comarca de Passo Fundo, no Estado do Rio Grande do Sul:

> O autor expressamente manifestou o desinteresse em comparecer na audiência de conciliação (fl. 04 verso), atendendo ao disposto no artigo 319, inciso VII, do Código de Processo Civil.
> Assim, considerando que ao Juiz compete zelar pela duração razoável do processo (artigo 139, inciso II, do Código de Processo Civil), bem como a

---

[69] BRASIL, Tribunal de Justiça do Distrito Federal e dos Territórios, **Apelação nº 0702077-73.2017.8.07.0001**, Relator Desembargador Luís Gustavo B. de Oliveira, 4ª Turma Cível, julgado em 18.8.2018.

possibilidade de que as partes estabeleçam negócio jurídico-processual propondo mudanças no procedimento (artigo 190 do Código de Processo Civil), e compreendendo que tal sugestão pode partir do Juiz, entendo em determinar o seguinte andamento do feito:

A) Citem-se e intimem-se as partes requeridas. A intimação deverá ser para cumprimento da liminar e para manifestarem-se, em 10 dias, sobre o interesse na realização de audiência de conciliação. O silêncio será interpretado como interesse em conciliar, e a audiência será designada.[70]

Nesse caso, a Juíza não apenas reconheceu a possibilidade de dispensa da audiência de conciliação, como atuou de forma propositiva, sugerindo a formação de um negócio processual caso o réu concordasse com a dispensa da audiência de conciliação.

Assim, é plenamente cabível a celebração de negócio processual de dispensa de audiência de conciliação ou mediação. A dispensa poderá ocorrer, inclusive, já no momento da contratação, antes de existir qualquer litígio.

c. Disponibilização prévia de documentos entre as partes (pacto de *disclosure*)

O Brasil, por adotar o sistema de *civil law*, não utiliza o procedimento de *discovery* presente na *common law*. Esse procedimento, em linhas bastantes gerais, permite que as partes, antes de levar um caso a julgamento, requeiram documentos e evidências entre si, contando, quando necessário, com o auxílio do aparato judiciário.

Isso permite que as partes avaliem a solidez de sua posição em um dado litígio e os riscos envolvidos em prosseguir com o caso. Por consequência, boa parte dos litígios civis em países de *common law* são resolvidos por acordo antes do julgamento (*trial*) do caso por um Tribunal. Dados divulgados pelo Department of Justice dos Estados Unidos da América apontam, inclusive, uma tendência de diminuição do número de casos levados a julgamento: em 1990, 8% dos litígios civis em Cortes

---

[70] BRASIL, Poder Judiciário do Estado do Rio Grande do Sul, **Processo nº 0005215-39.2017.8.21.0021**, Juíza Rossana Gelain, 1ª Vara Cível, decisão proferida em 13.3.2017.

Federais estadunidenses foram levados a julgamento; em 2006, esse número caiu para somente 3%[71].

É bem verdade que o CPC/2015 prevê, em seu artigo 381[72], o procedimento de produção antecipada de provas e, em seu artigo 396[73], o pedido incidental de exibição de documento. Essas ferramentas se aproximam, em alguma medida, do procedimento de *discovery*, mas com ele não se confundem, em especial pelo grau de participação do Juiz, que é significativamente maior no sistema brasileiro.

Assim, tendo em vista a expressa previsão do CPC/2015 no sentido de permitir a produção antecipada de provas quando *"o prévio conhecimento dos fatos possa justificar ou evitar o ajuizamento de ação"* (artigo 381, inciso III), parece plenamente possível que as partes celebrem negócio processual instituindo um pacto de *disclosure* e prevendo a obrigação de disponibilizarem determinada documentação entre si antes do ajuizamento de uma ação. É possível até mesmo cogitar a instituição, por meio de um negócio processual, de uma espécie de procedimento de *discovery* particular.

Nos termos do Enunciado 19 do Fórum Permanente de Processualistas Civis, o pacto de *disclosure* pode, ainda, incluir a *"estipulação de sanção negocial e medidas coercitivas, mandamentais, sub-rogatórias ou indutivas"*. Isso, de fato, mostra-se essencial a fim de compelir a contraparte, na iminência de um litígio, a cumprir as previsões do pacto de *disclosure* previamente firmado.

A obrigação de disponibilizar documentos, tratando-se de obrigação de fazer, pode, em tese, ser imposta judicialmente. Do mesmo modo, eventual sanção pecuniária pelo seu descumprimento, pode ser executada pela via judicial.

---

[71] U.S. DEPARTMENT OF JUSTICE, **Civil Rights Complaints in U.S. District Courts**, 1990-2006, agosto/2008.
[72] "Art. 381. A produção antecipada da prova será admitida nos casos em que:
I – haja fundado receio de que venha a tornar-se impossível ou muito difícil a verificação de certos fatos na pendência da ação;
II – a prova a ser produzida seja suscetível de viabilizar a autocomposição ou outro meio adequado de solução de conflito;
III – o prévio conhecimento dos fatos possa justificar ou evitar o ajuizamento de ação. [...]"
[73] "Art. 396. O juiz pode ordenar que a parte exiba documento ou coisa que se encontre em seu poder."

Vale observar, porém, que, por não existir *discovery* no sistema brasileiro, as partes poderão enfrentar dificuldades de ordem prática se pretenderem contar com o auxílio do aparato judiciário para impor o procedimento de *discovery* particular.

d. Previsão de meios alternativos de comunicação dos atos processuais pelas partes

A previsão de meios alternativos de comunicação dos atos processuais pelas partes pode representar um enorme avanço rumo à celeridade processual. É comum que comunicações dos atos processuais intermediadas pelo Judiciário tomem semanas ou até mesmo meses.

A comunicação direta dos atos processuais pelas próprias partes pode ser praticamente instantânea e, desde que contratualmente regulada em forma e conteúdo, não representa prejuízo às partes.

Assim como o CPC/1973, o CPC/2015 consagra o princípio da liberdade dos atos processuais, apontando que o conteúdo do ato é mais importante do que a sua forma (artigo 188[74]). Esse princípio corrobora a validade dos negócios processuais que estabeleçam meios alternativos para comunicação de atos processuais.

Não obstante se tenha notícia da utilização, pelo próprio Poder Judiciário, de redes sociais e de aplicativos de celular para comunicação de atos processuais, é recomendável que, ao prever meios alternativos para tal comunicação, as partes estabeleçam um mínimo de formalidade, de modo que possam ser comprovados o momento em que ela se efetivou e o seu conteúdo exato.

e. Calendário do processo

Possivelmente uma das hipóteses de negócio jurídico processual mais comentadas pela doutrina, o calendário processual é, também, um dos negócios jurídicos processuais mais recorrentes na fase inicial da vigência do CPC/2015.

---

[74] "Art. 188. Os atos e os termos processuais independem de forma determinada, salvo quando a lei expressamente a exigir, considerando-se válidos os que, realizados de outro modo, lhe preencham a finalidade essencial."

Um estudo realizado pela Fundação Getúlio Vargas em 2006 a pedido da Secretaria de Reforma do Judiciário, do Ministério da Justiça[75], apontou que os processos ficam no cartório por entre 80% e 95% do tempo transcorrido até a prolação de sentença. Boa parte desse tempo é constituída pelo que o estudo chamou de *"tempos mortos"*, entendidos como aqueles em que o processo aguarda, empilhado, a prática de alguma rotina administrativa.

O calendário processual, além de organizar o processo, pode reduzir o impacto desses *"tempos mortos"* na tramitação do processo, dispensando rotinas de intimação das partes, de designação de audiências, entre outras tantas.

Previsto no artigo 191 do CPC[76], o calendário para a prática de atos processuais somente vinculará o Juiz quando por ele for homologado. Portanto, trata-se de uma hipótese que terá aplicabilidade limitada no âmbito de uma negociação contratual, quando ainda não existe litígio.

Portanto, talvez seja mais realista prever, no momento da redação contratual, a obrigação de as partes fixarem um calendário para eventual processo, relegando para o momento de eventual litígio a fixação do calendário em si.

f. Suspensão do processo

A possibilidade de suspensão do processo pela convenção das partes, prevista no inciso II do artigo 313 do CPC/2015[77], não é exatamente uma novidade e já era largamente utilizada na vigência do CPC/1973.

A novidade é a possibilidade de se prever contratualmente, muito antes da existência de um litígio, determinadas hipóteses de suspensão do processo que possam fazer sentido no caso concreto.

---

[75] FUNDAÇÃO GETÚLIO VARGAS. **Análise da Gestão e Funcionamento dos Cartórios Judiciais**, São Paulo, junho de 2007.

[76] "Art. 191. De comum acordo, o juiz e as partes podem fixar calendário para a prática dos atos processuais, quando for o caso.

§ 1º O calendário vincula as partes e o juiz, e os prazos nele previstos somente serão modificados em casos excepcionais, devidamente justificados.

§ 2º Dispensa-se a intimação das partes para a prática de ato processual ou a realização de audiência cujas datas tiverem sido designadas no calendário."

[77] "Art. 313. Suspende-se o processo: [...]
II – pela convenção das partes;"

Vale notar, porém, que previsões de suspensão por prazos longos ou indeterminados podem ser entendidas como abusivas e inaceitáveis diante do princípio da duração razoável do processo.

g. Ampliação e redução de prazos

Os artigos 139, inciso VI, e 222, §1º, do CPC/2015[78] preveem a possibilidade de prazos serem dilatados ou reduzidos pelo Juiz a depender das circunstâncias do caso. Embora o CPC/2015 não traga previsão expressa nesse sentido, é bastante razoável concluir que as partes podem participar da ampliação ou redução de prazos processuais, até porque ninguém conhece melhor as *necessidades do conflito* do que as próprias partes.

Tal qual o calendário processual, a ampliação e a redução de prazos, em especial dos peremptórios, depende da homologação pelo Juiz, de modo que seu uso pode fazer mais sentido quando já há um processo em curso. Nada impede, porém, que as partes o façam em contrato, antes da existência de um litígio, condicionando a eficácia do negócio à homologação judicial.

A alteração de prazos processuais, ainda que consensual, comporta algumas limitações. Não parece admissível a redução de prazos a tal ponto que crie um entrave significativo ao exercício da ampla defesa (em um exemplo extremo, poder-se-ia cogitar a redução do prazo de contestação para 24 horas) ou a prorrogação excessiva a ponto de violar a duração razoável do processo. Em qualquer hipótese, eventuais alterações de prazos processuais devem observar o princípio da utilidade.

---

[78] "Art. 139. O juiz dirigirá o processo conforme as disposições deste Código, incumbindo-lhe: [...]
VI – dilatar os prazos processuais e alterar a ordem de produção dos meios de prova, adequando-os às necessidades do conflito de modo a conferir maior efetividade à tutela do direito; [...]"
"Art. 222. Na comarca, seção ou subseção judiciária onde for difícil o transporte, o juiz poderá prorrogar os prazos por até 2 (dois) meses.
§ 1º Ao juiz é vedado reduzir prazos peremptórios sem anuência das partes. [...]"

h. Saneamento consensual do processo, previsão de audiências de saneamento e organização em cooperação entre as partes e o Juiz

O saneamento do processo cabe ao Juiz, nos termos do artigo 357 do CPC/2015. Apesar disso, o §2º do referido dispositivo[79] permite que as partes apresentem ao Juiz uma delimitação consensual das questões de fato e de direito relevantes para o caso. Tal delimitação é sujeita à homologação judicial e, uma vez homologada, vincula as partes e o Juiz.

Somente se pode cogitar do saneamento consensual do processo quando já existe um processo. Assim, trata-se de hipótese com pouca aplicabilidade no momento da redação contratual.

Já que não é possível sanear um processo meramente potencial, eventuais cláusulas contratuais atinentes à questão poderão prever, por exemplo, a necessidade de as partes oportunamente apresentarem uma manifestação comum fixando os pontos controvertidos.

i. Deveres ou sanções em caso de descumprimento da convenção

Cláusulas contratuais que estabelecem negócios jurídicos processuais devem ser respeitadas como quaisquer outras e não há razão para não se admitir que as partes prevejam sanções em caso de descumprimento.

Assim, é possível que as partes estabeleçam, em um contrato, as consequências de eventual descumprimento dos negócios processuais ali previstos, como, por exemplo, a fixação de multa.

Tal interpretação está em consonância com o enunciado 17 do Fórum Permanente de Processualistas Civis, segundo o qual *"as partes podem, no*

---

[79] "Art. 357. Não ocorrendo nenhuma das hipóteses deste Capítulo, deverá o juiz, em decisão de saneamento e de organização do processo:
I – resolver as questões processuais pendentes, se houver;
II – delimitar as questões de fato sobre as quais recairá a atividade probatória, especificando os meios de prova admitidos;
III – definir a distribuição do ônus da prova, observado o art. 373;
IV – delimitar as questões de direito relevantes para a decisão de mérito;
V – designar, se necessário, audiência de instrução e julgamento. [...]
§ 2º As partes podem apresentar ao juiz, para homologação, delimitação consensual das questões de fato e de direito a que se referem os incisos II e IV, a qual, se homologada, vincula as partes e o juiz."

negócio processual, estabelecer outros deveres e sanções para o caso do descumprimento da convenção".

j. Vedação do uso de analogia ou equidade

O CPC/2015 não eliminou por completo a possibilidade de julgamento por *equidade*, como se observa da leitura dos artigos 140, parágrafo único (*"o juiz só decidirá por equidade nos casos previstos em lei"*) e 723, parágrafo único (*"[nos procedimentos de jurisdição voluntária] o juiz não é obrigado a observar critério de legalidade estrita, podendo adotar em cada caso a solução que considerar mais conveniente ou oportuna"*).

Tal solução encontra resistência de parte da doutrina, que entende que a permissão do julgamento por equidade poderia culminar no abandono do ordenamento jurídico por parte do juiz e, consequentemente, no individualismo interpretativo.

Sem adentrar a discussão a respeito da (in)conveniência do julgamento por analogia e equidade, parece possível que as partes contratantes optem por excluir o uso de tais ferramentas na interpretação do contrato que firmaram. Ao assim proceder, as partes conferirão mais segurança à relação e privilegiarão as disposições contratuais, reduzindo os custos decorrentes da incerteza.

O pouco tempo de vigência do CPC/2015 ainda não permite afirmar como será a reação dos Tribunais pátrios a respeito dessa vedação. Existe o risco de se entender que tal vedação afetaria os poderes do Juiz e, consequentemente, de se adotar a interpretação discutida no item 3.5, segundo a qual negócios processuais que versarem sobre poderes do juiz seriam inadmissíveis. Por outro lado, é possível inferir que, quanto maior a paridade entre as partes contratantes, maior a chance de tal vedação ser admitida.

5.4.2. *Produção e Valoração de Provas*

a. Escolha consensual de perito

O artigo 471 do CPC/2015[80] autoriza expressamente a escolha consensual de um perito pelas partes, desde que elas sejam plenamente

---

[80] "Art. 471. As partes podem, de comum acordo, escolher o perito, indicando-o mediante requerimento, desde que:

capazes e que a causa possa ser resolvida por autocomposição – requisitos comuns aos demais negócios jurídicos processuais.

A despeito da autorização expressa do Código, essa possibilidade causa certa inquietude entre os operadores do direito, acostumados a enxergar o Juiz como *destinatário da prova*.

Nesse sentido, comentam MARINONI, ARENHART e MITIDIERO:

> Embora o texto legal sugira a interpretação de que o juiz não possa recusar essa indicação, essa não é, evidentemente, a melhor interpretação ao preceito. A uma, porque os acordos processuais estão sempre sujeitos à análise judicial (art. 190, § parágrafo único, CPC). A duas, porque a perícia consensual não inibe o poder instrutório de ofício do magistrado, que sempre poderá determinar a produção das provas que entender necessárias, inclusive a pericial (art. 370, CPC). A três, porque ainda que entendida como obrigatória essa indicação, isso jamais poderia impedir o juiz de determinar a realização da segunda perícia (art. 480, CPC), caso em que, inegavelmente, teria discricionariedade para a nomeação do perito de sua escolha. A quatro, porque o juiz é o destinatário último da prova, sendo irracional que se lhe imponha, sem possibilidade de rejeição, perito ou perícia que não goza de sua confiança. Por tudo isso, é de se concluir que a perícia consensual, mesmo dependendo da capacidade plena das partes e da disponibilidade sobre o interesse, ainda assim está sujeita à análise judicial, podendo o juiz rejeitar o perito indicado pelas partes, nomeando outro de sua confiança.[81]

Com o devido respeito à posição acima transcrita, ela não parece representar a interpretação mais adequada à luz da autonomia privada que informa o instituto do negócio processual.

I – sejam plenamente capazes;
II – a causa possa ser resolvida por autocomposição.
§ 1º As partes, ao escolher o perito, já devem indicar os respectivos assistentes técnicos para acompanhar a realização da perícia, que se realizará em data e local previamente anunciados.
§ 2º O perito e os assistentes técnicos devem entregar, respectivamente, laudo e pareceres em prazo fixado pelo juiz.
§ 3º A perícia consensual substitui, para todos os efeitos, a que seria realizada por perito nomeado pelo juiz."

[81] MARINONI, Luiz Guilherme; ARENHART, Sérgio Cruz; e MITIDIERO, Daniel (org). **Novo Código De Processo Civil Comentado**, São Paulo, RT, 2016. Edição eletrônica.

Ainda que o Juiz seja o *destinatário da prova*, o fato é que as maiores interessadas no desfecho das questões submetidas ao Juiz são as partes. Se o que se discute é o direito das partes e se são as partes quem sofrerá as consequências da decisão judicial, não há razão para não permitir às partes que escolham o perito que lhes pareça mais adequado.

Mais que isso, as partes contratantes, em geral, têm mais conhecimento das questões técnicas relevantes para a controvérsia do que o juiz e, assim, têm melhores condições de escolher um profissional adequado. Por fim, não é demais lembrar que são as partes as responsáveis pelo pagamento dos honorários periciais.

Nesse contexto, parafraseando MARINONI, ARENHART e MITIDIERO parece ainda mais *irracional que o juiz imponha às partes, sem possibilidade de rejeição, perito ou perícia que não goze de sua confiança.*

A escolha consensual do perito poderá acontecer não apenas quando já ajuizado o processo, mas, também, no momento da contratação. E este parece ser o momento mais conveniente para tanto. Isso porque, inexistindo um conflito, as partes certamente terão maior facilidade para chegar em um nome comum e, mais que isso, tenderão a escolher um perito mais neutro. Uma vez que a discussão esteja posta, as partes inevitavelmente analisarão qual(is) seria(m) os peritos mais afetos às suas respectivas teses, dificultando a escolha de um perito comum e imparcial.

A escolha consensual do perito traz não apenas uma vantagem técnica ao permitir a nomeação do perito mais adequado para o caso. Traz, também, uma vantagem econômica ao permitir que as partes prevejam, no momento da contratação, quais serão os custos com eventual prova pericial, o prazo em que o perito deverá apresentar seu laudo, entre outros. Mais uma vez, trata-se de um negócio jurídico processual capaz de reduzir os custos decorrentes da incerteza.

b. Dispensa consensual de assistentes técnicos

Se as partes podem escolher um perito consensual, da confiança de ambas, a contratação de assistentes técnicos pode tornar-se desnecessária. Muito embora a contratação de assistentes técnicos seja uma faculdade das partes, é difícil imaginar que, em um litígio complexo, uma parte abrirá mão de um assistente técnico se a outra não o fizer.

Assim, conforme enunciado 19 do Fórum Permanente de Processualistas Civis, é possível que as partes estabeleçam mutuamente a dispensa de assistentes técnicos, colaborando para a celeridade do processo e para a redução de custos.

c. Dispensa consensual de perito, utilizando-se as partes de assistentes técnicos

Se as partes podem escolher um perito comum e dispensar assistentes técnicos, a recíproca é verdadeira: as partes também podem dispensar a nomeação de um perito e utilizar-se dos seus respectivos assistentes técnicos.

A fragilidade dessa opção reside na ausência de uma posição técnica imparcial, o que pode dificultar a formação de convicção pelo Juiz, tornando-a menos interessante do ponto de vista prático.

d. Distribuição diversa do ônus da prova

Os parágrafos 3º e 4º do artigo 373 do CPC/2015[82] permitem que as partes convencionem sobre a distribuição do ônus da prova antes ou durante o processo.

Há, aqui, uma particularidade em relação aos demais negócios jurídicos processuais: se, como visto no Capítulo 3, os negócios jurídicos processuais, em geral, podem recair sobre direitos indisponíveis, desde que estes admitam autocomposição, convenções a respeito do ônus da prova não poderão *"recair sobre direito indisponível da parte"*, conforme dicção do artigo 373, §3º, inciso I do CPC/2015.

A distribuição diversa do ônus da prova também não será possível quando *"tornar excessivamente difícil a uma parte o exercício do direito"*, nos termos do artigo 373, §3º, inciso I do CPC/2015. Isso pode represen-

---

[82] "Art. 373. O ônus da prova incumbe:
I – ao autor, quanto ao fato constitutivo de seu direito;
II – ao réu, quanto à existência de fato impeditivo, modificativo ou extintivo do direito do autor. (...)
§ 3º A distribuição diversa do ônus da prova também pode ocorrer por convenção das partes, salvo quando:
I – recair sobre direito indisponível da parte;
II – tornar excessivamente difícil a uma parte o exercício do direito.
§ 4º A convenção de que trata o § 3o pode ser celebrada antes ou durante o processo."

tar um empecilho ao uso de convenções dessa natureza no momento da contratação, quando não é possível afirmar com razoável certeza se a distribuição do ônus probatório da forma avençada poderá tornar *excessivamente difícil* o exercício do direito por uma das partes. De se notar, aqui, a imprecisão da expressão utilizada pelo legislador, que não fornece balizas para definir o que seria *excessivamente difícil*.

Por outro lado, é difícil imaginar que, ajuizado o processo, uma das partes assumirá o ônus de provar qualquer elemento adicional àqueles que a lei lhe impõem.

Assim, convenções sobre distribuição do ônus da prova, embora sejam plenamente cabíveis no momento da contratação e ali até mais apropriadas, possuem uma fragilidade intrínseca: o individualismo interpretativo do Juiz ao aferir se determinada convenção tornaria *excessivamente difícil* o exercício do direito pela parte que assumiu ônus probatório que originalmente não seria seu.

É de se lamentar a imprecisão semântica do legislador, uma vez que a redistribuição do ônus da prova é um dos negócios jurídicos processuais com maior capacidade de reduzir ou redistribuir custos e riscos em um contrato.

e. Exclusão ou inclusão de meios de provas, hierarquização de provas, definição de um único meio de produção de determinada prova

Tratando-se de direitos disponíveis e que admitam autocomposição, não há dúvidas de que as partes podem definir como será a produção de provas de um processo, permitindo que este se molde às particularidades do caso.

Não é difícil imaginar casos em que a exclusão de prova pericial ou oral possa ser conveniente, levando a um desfecho processual mais célere. Nesse sentido, DAVIS e HERSHKOFF comentam os negócios processuais que visam a restringir a fase de *discovery*:

> *Contractual provisions to curtail discovery might make sense, for example, in disputes that are expected to turn on a court's interpretation of a limited number of documents.*[83]

---

[83] DAVIS, Kevin E. e HERSHKOFF, Helen. **Contracting for Procedure**. *In* William & Mary Law Review, vol. 53, n. 2, 2011, NYU School of Law, Public Law Research Paper No. 11-51, p. 526.

Embora o comentário de Davis e Hershkoff refira-se a uma fase procedimental afeta ao sistema de common law, a lógica é exatamente a mesma para negócios que visem a restringir a produção de provas em um processo inserido no sistema de civil law.

O CPC/2015 não estende o requisito específico para os negócios processuais que estabeleçam a inversão do ônus da prova – tratar-se de direito disponível – à exclusão ou inclusão de meios de provas ou à hierarquização de provas. Assim, a princípio, poder-se-ia cogitar de negócios jurídicos processuais nesse sentido também para direitos indisponíveis, desde que estes admitam autocomposição.

No entanto, considerando que o tema tangencia alguns dos princípios mais sensíveis do direito processual, como o direito de defesa e o devido processo legal, é de se esperar que os Tribunais tratem da restrição da produção de provas com bastante rigor. Não impressionaria, portanto, a aplicação analógica do artigo 373, §3º, II do CPC/2015, que veda a redistribuição do ônus da prova de forma a "tornar excessivamente difícil a uma parte o exercício do direito", para derrogar um negócio processual que vede a produção de determinadas provas.

Nesse contexto, as partes devem agir com cautela ao celebrar negócios jurídicos processuais a respeito da limitação ou hierarquização de provas, sobretudo antes da existência de um processo, quando é mais difícil precisar qual(is) prova(s) será(ão) efetivamente necessárias.

f. Exclusão de presunções

Tal qual a exclusão da analogia e da equidade, a exclusão de presunções na interpretação de um caso tem o condão de conferir mais segurança à relação e ao próprio texto contratual, reduzindo os custos decorrentes da incerteza.

Há, porém, dois aspectos dignos de nota. Em primeiro lugar, negócios processuais que vedem o uso de presunções também podem esbarrar na interpretação de que afetariam um poder do Juiz e, portanto, não seriam admissíveis.

Em segundo lugar, apenas presunções relativas (*jures tantum*) poderiam ser excluídas por meio de negócio processual; não parece possível a exclusão de presunções absolutas (*juris et de jure*), uma vez que estas últimas decorrem de imposição legal.

g. Modificação de aspectos procedimentais referentes a provas (como prazos e sequência de depoimentos)

A adaptação de aspectos procedimentais referentes a provas não gera maiores discussões doutrinárias.

Este é mais um dos negócios jurídicos processuais que apresenta maior aplicabilidade quando já ajuizado um processo, seja pela dificuldade de se estabelecer, já no momento da contratação, um procedimento eficiente, seja pela necessidade de homologação judicial nos casos em que a modificação desses aspectos procedimentais afetar diretamente o Juiz (como, por exemplo, a definição de prazos e datas para oitiva de testemunhas).

5.4.3. *Limitação a Recursos*

a. Julgamento em instância única

Mais um negócio jurídico processual relativamente polêmico, a previsão de julgamento em instância única é, certamente, uma das ferramentas com maior capacidade de promover a celeridade processual. A polêmica, aqui, não se justifica: se as partes podem submeter determinado caso à arbitragem ou à autocomposição, ou, ainda, renunciar ao direito em que se funda a ação, por que não poderiam submetê-lo a julgamento em instância única?

Em um cenário negocial a cada dia mais dinâmico, a necessidade por celeridade processual ganha uma dimensão inalcançável por um sistema judicial repleto de recursos. Para casos em que a celeridade é essencial, a possibilidade de previsão de julgamento em única instância pode ser uma solução interessante, sobretudo quando combinada com outros negócios jurídicos processuais que permitem que o julgamento de primeiro grau seja eficiente, como a fixação de um calendário processual, o saneamento consensual do processo e a nomeação consensual de um perito altamente gabaritado.

O tema foi objeto dos enunciados 10 e 11 do Fórum de Magistrados do Tribunal de Justiça de Minas Gerais, que, respectivamente, admitem a pacto de julgamento em instância única e estabelecem que o cabimento de ação rescisória não é prejudicado por tal disposição – nada mais óbvio, afinal, ação rescisória não possui natureza recursal.

Vale observar, porém, que não são admissíveis acordos para supressão da primeira instância, nos termos do enunciado 20 do Fórum Permanente de Processualistas Civis. De fato, entendimento diverso prejudicaria gravemente a organização do Poder Judiciário. Assim, pactuar o julgamento em instância única significa pactuar o julgamento exclusivamente em primeira instância.

b. Exclusão de recursos contra decisões interlocutórias e de recursos a Tribunais Superiores

Assim como a previsão de julgamento em instância única, a exclusão de recursos contra decisões interlocutórias e de recursos a Tribunais Superiores pode tornar um processo muito mais célere.

Com efeito, o Relatório Justiça em Números 2017, divulgado pelo CNJ[84], indica que, em segunda instância, os processos tramitam em média entre durante dois anos e meio (Tribunais de Justiça Estaduais) e três anos e um mês (Tribunais Regionais Federais). No Superior Tribunal de Justiça, os processos tramitam em média durante outros um ano e nove meses.

Na prática, disputas contratuais altamente complexas tendem a demorar ainda mais tempo para serem julgadas, o que deixa clara a utilidade dos negócios processuais que limitem o uso de recursos.

c. Retirada do efeito suspensivo da apelação

A retirada do efeito suspensivo de apelação por meio de negócio jurídico processual também colabora para a celeridade do processo. Isso porque a pendência de apelação sem efeito suspensivo permite que a parte vencedora em primeira instância dê início ao cumprimento provisório da sentença.

Por se tratar de previsão **(a)** relativamente genérica, aplicável a diferentes litígios que podem surgir de um contrato e **(b)** que impõe significativo ônus à parte perdedora em primeira instância, é conveniente que a previsão seja feita pelas partes já no momento da contratação, quando ainda não há processo em curso. Uma vez materializado um litígio, é improvável que haja concordância de todas as partes com um negócio processual dessa espécie.

---

[84] Conselho Nacional De Justiça, **Relatório Justiça em Números 2017** (ano-base 2016).

A questão foi objeto do enunciado 19 do Fórum Permanente de Processualistas Civis, que entendeu pela sua validade.

5.4.4. *Liquidação, Execução e Cumprimento de Sentença*

a. Previsão contratual da forma de liquidação de sentença

O artigo 509, inciso I, do CPC/2015[85] prevê expressamente a possibilidade de as partes convencionarem que a liquidação de sentença dar-se-á por arbitramento.

Embora o CPC/2015 não traga outras possibilidades expressas de negócios jurídicos processuais específicos sobre a forma de liquidação da sentença, não se vislumbra óbices (além daqueles aplicáveis a todos os negócios jurídicos processuais) para que as partes convencionem livremente sobre o tema, amparadas pela cláusula geral de negócios processuais do artigo 190 do CPC/2015.

Não obstante a ausência de expressa previsão pelo CPC/2015, também não há óbice legal à estipulação de que a liquidação será feita *pelo procedimento comum* – a antiga liquidação *por artigos*. Vale notar, contudo, que **(a)** a liquidação por arbitramento tende a ser mais célere do que a liquidação pelo procedimento comum, que depende da prova de fato novo, e **(b)** muitas vezes será desnecessária a prova de fato novo na fase de liquidação de sentença. Assim, é de se questionar a conveniência de se negociar, de antemão, que eventual liquidação ocorrerá pelo procedimento comum.

b. Forma de alienação de bem

O artigo 730 do CPC/2015[86] aponta a possibilidade de acordo entre os interessados sobre o modo como se deve realizar a alienação de bens.

---

[85] "Art. 509. Quando a sentença condenar ao pagamento de quantia ilíquida, proceder-se-á à sua liquidação, a requerimento do credor ou do devedor:
I – por arbitramento, quando determinado pela sentença, convencionado pelas partes ou exigido pela natureza do objeto da liquidação;
II – pelo procedimento comum, quando houver necessidade de alegar e provar fato novo. [...]"
[86] "Art. 730. Nos casos expressos em lei, não havendo acordo entre os interessados sobre o modo como se deve realizar a alienação do bem, o juiz, de ofício ou a requerimento dos inte-

Tal possibilidade gera maior celeridade e, principalmente, segurança ao credor, que pode, desde a formação do contrato, estabelecer como ocorrerá a eventual alienação de bens do devedor.

Como consequência, disposições dessa natureza permitem a redução dos custos de transação ao promover maior efetividade à fase de execução.

c. Pacto de impenhorabilidade

As partes contratantes também podem pactuar a impenhorabilidade de determinado(s) bem(ns) além daqueles que já são legalmente classificados como impenhoráveis, como apontado pelo enunciado 19 do Fórum Permanente de Processualistas Civis.

Assim, pode a parte contratante, por exemplo, pactuar que sua planta industrial ou os insumos utilizados no seu processo produtivo serão impenhoráveis em decorrência de eventual dívida decorrente de determinado contrato. Trata-se, sobretudo, de uma decisão estratégica.

Tal possibilidade vai ao encontro do princípio da menor onerosidade para o executado, sem, contudo, prejudicar o credor, que poderá, de antemão, exigir outras garantias para fazer frente à diminuição da esfera patrimonial do devedor a que ele potencialmente terá acesso.

d. Não promoção de execução provisória

As partes também podem pactuar que não promoverão execução provisória, conforme enunciado 19 do Fórum Permanente de Processualistas Civis. Sozinha, tal possibilidade parece ser puramente teórica, já que estimularia o devedor a se utilizar de todos os recursos e chicanas processuais cabíveis e incabíveis a fim de evitar a execução da dívida.

Entretanto, no contexto de uma negociação contratual, quando combinada com outros negócios jurídicos processuais, o pacto de não promoção de execução provisória pode fazer sentido. Seria o caso, por exemplo, de um contrato em que a parte potencialmente credora exige a exclusão de recursos aos Tribunais Superiores e a parte potencialmente devedora condiciona tal exclusão à impossibilidade de execução provisória, ainda que eventual apelação seja recebida exclusivamente no efeito devolutivo.

ressados ou do depositário, mandará aliená-lo em leilão, observando-se o disposto na Seção I deste Capítulo e, no que couber, o disposto nos arts. 879 a 903."

Nesse exemplo teórico, o uso dos dois negócios jurídicos processuais combinados poderia conjugar a maior celeridade processual, buscada pela parte potencialmente credora, com a segurança buscada pela parte potencialmente devedora.

5.4.5. Custas Processuais e Honorários Advocatícios

a. Rateio de despesas processuais

É lícito às partes negociarem sobre o rateio das despesas processuais, conforme enunciado 19 do Fórum Permanente de Processualistas Civis. Assim, as partes podem estabelecer o rateio ou a distribuição das despesas processuais de forma distinta daquela prevista em lei.

Não obstante, em atenção ao princípio da boa-fé objetiva, não se permite a modificação dos custos a um ponto que inviabilize ou dificulte significativamente a proposta da demanda ou o exercício da ampla defesa.

b. Convenções sobre honorários advocatícios

Embora seja possível a celebração de negócios processuais a respeito de honorários advocatícios sucumbenciais, é necessário lembrar que tais honorários são de titularidade do advogado: o credor dos honorários é o advogado da parte vencedora da demanda e o devedor é a parte vencida[87].

Portanto, devem participar de eventuais convenções sobre honorários advocatícios sucumbenciais não apenas as partes, mas, também, os respectivos advogados – ainda que de forma diferida, expressando sua anuência em momento posterior. Caso não haja concordância dos advogados, tal convenção não lhes será oponível.

Havendo concordância dos advogados, as convenções sobre honorários advocatícios poderão alterar tanto **(a)** as partes credora e devedora da obrigação quanto **(b)** o patamar dos honorários, desde que dentro

---

[87] O artigo 85 do CPC/2015, ao afirmar que *"a sentença condenará o vencido a pagar honorários ao advogado do vencedor"* e que *"os honorários constituem direito do advogado"*, ratificou o posicionamento dos artigos 22 e 23 do Estatuto da Advocacia e da OAB no sentido de que os honorários sucumbenciais são um direito privativo do advogado.

dos limites da razoabilidade, de modo a não inviabilizar a propositura da demanda ou criar entrave ao exercício da ampla defesa.

Também não se vislumbra óbice à previsão de reembolso dos honorários advocatícios contratuais, desde que, novamente, isso não crie obstáculos exagerados.

6. O Papel dos Tribunais

Os negócios jurídicos processuais não existem se não for pela vontade das partes. Não há dúvida, portanto, de que as partes são as grandes protagonistas dos negócios jurídicos processuais, sobretudo quando inseridos em um contrato anterior ao processo. São as partes que, cientes dos pormenores do caso concreto e da incompletude do contrato entre elas firmado, estipulam as convenções processuais que lhe parecem convenientes.

Não se pode ignorar, porém, que, embora o Juiz seja estranho à relação de direito material que lhe é submetida pelas partes, os negócios jurídicos processuais por elas firmados terão impacto sobre a atividade do Juiz. Se o Juiz é o principal agente responsável pela condução do processo, quaisquer mudanças nele introduzidas pela vontade das partes afetará a sua atuação.

Quando se analisa se o Juiz seria parte dos negócios jurídicos processuais firmados pelas partes, a doutrina se divide. Alguns autores, como FREDIE DIDIER, defendem que o Juiz seria parte daqueles negócios jurídicos processuais em que a autoridade judicial for afetada, criando deveres ou restringindo seus poderes[88]. Seria o caso, por exemplo, do calendário processual e dos outros negócios processuais cuja eficácia depende de homologação judicial.

---

[88] DIDIER JR. Fredie. **Curso de Direito Processual Civil: Introdução ao Direito Processual Civil, Parte Geral e Processo de Conhecimento**. Salvador, Jus Podivm, 17ª ed., 2015, p. 383.

Outros autores, como ANTONIO DO PASSO CABRAL, entendem que o Juiz não dispõe de capacidade negocial para figurar como parte de tais negócios e que não poderia tomar posição a favor de quaisquer interesses das partes ou do próprio Estado, sob pena de inviabilizar o exercício da função de controle sobre a validade dos negócios jurídicos processuais[89].

Embora ainda não esteja consolidada a discussão doutrinária a respeito de o Juiz ser ou não parte dos negócios jurídicos processuais, existe um consenso quanto à necessidade de atuação do Juiz como *fiscal* e *incentivador* dos negócios dessa natureza. E esta parece ser a constatação mais importante para uma análise prática do papel dos Tribunais em relação aos negócios jurídicos processuais, decorrente da estipulação pelo parágrafo único do artigo 190 do CPC/2015, de que "*o juiz controlará a validade das convenções*" processuais.

Nesse sentido, o comentário de CASSIO SCARPINELLA BUENO:

> Ao magistrado cabe, de ofício ou a requerimento, controlar a validade desses ajustes – quem vêm sendo chamados de "negócios jurídicos processuais" –, recusando-lhes aplicação somente nos casos de nulidade – palavra que deve ser entendida amplamente para compreender qualquer violação de ordem pública – ou inserção abusiva em contrato de adesão ou em que alguma parte se encontre em manifesta situação de vulnerabilidade (parágrafo único).[90]

Dessa constatação, surge a necessidade de se analisar como deve o Juiz aplicar o negócio jurídico processual e exercer o controle de sua validade.

---

[89] CABRAL, Antonio do Passo. **Convenções Processuais**. Salvador, JusPodivm, 2016, pp. 136/137.
[90] BUENO, Cassio Scarpinella. **Novo Código de Processo Civil Anotado**. São Paulo, Saraiva, 2015, p. 163.

6.1. O Juiz como Fiscal e Incentivador dos Negócios Jurídicos Processuais

Parte ou não dos negócios jurídicos processuais, fato é que o Juiz a eles se vincula, na medida em que tem o dever de aplicar e fazer valer os negócios jurídicos processuais válidos[91].

Cabe ao Juiz, portanto, analisar a *validade* dos negócios jurídicos processuais submetidos à sua apreciação. O artigo 190 do CPC/2015 não deixa espaço para uma interpretação extensiva da atividade do Juiz neste ponto. Não cabe ao Juiz avaliar a *conveniência* desses negócios, na medida em que as partes são racionais e livres para contratar.

O brocardo latino do *pacta sunt servanda* não se restringe aos negócios de direito material, encontrando idêntica aplicação nos negócios de natureza processual. Deve-se coibir, portanto, tendências intervencionistas e paternalistas dos Tribunais sobre os negócios jurídicos processuais.

Assim, a análise da *validade* dos negócios jurídicos processuais deve ser entendida como a verificação:

(1) da presença **(a)** dos requisitos legais aplicáveis aos negócios jurídicos em geral, conforme disposições do art. 104[92] e seguintes do Código Civil, **(b)** do requisito específico dos negócios jurídicos processuais de que estes versem sobre direitos que admitam autocomposição e **(c)** de eventuais requisitos específicos a determinado negócio processual; e

(2) da ausência **(a)** de *"nulidade ou de inserção abusiva em contrato de adesão ou em que alguma parte se encontre em manifesta situação de vulnerabilidade"* (parágrafo único do artigo 190 do CPC/2015), conforme parâmetros discutidos no Capítulo 3 deste trabalho, e **(b)** de vícios resultantes de erro, dolo ou coação, como os negócios jurídicos em geral.

Uma única ressalva deve ser feita quanto à limitação do escopo da fiscalização do Juiz: dentro do virtualmente infinito espectro de possibilidades de negócios jurídicos processuais distintos, há aqueles que impõem deveres ao Juiz e afetam diretamente o exercício de sua ativi-

---

[91] Nesse sentido, CABRAL, Antonio do Passo. **Convenções Processuais**. Salvador, JusPodivm, 2016, pp. 225/226.
[92] "Art. 104. A validade do negócio jurídico requer:
I – agente capaz;
II – objeto lícito, possível, determinado ou determinável;
III – forma prescrita ou não defesa em lei."

dade. O CPC/2015 buscou tipificar as hipóteses mais recorrentes com essa natureza, prevendo expressamente a necessidade de homologação desses negócios para que eles vinculem o Juiz. É o caso, por exemplo, do calendário para a prática dos atos processuais.

Em casos tais, ainda que a validade do negócio jurídico processual, em si, não dependa da concordância do Juiz, como se discutiu no item 3.5 deste trabalho, a *vinculação* do Juiz a esses negócios específicos depende. Por óbvio, é de se esperar uma interferência maior do Juiz nessa hipótese, embora nem sempre se trate propriamente de uma *fiscalização*, mas de uma *conciliação* entre o desejo das partes e a disponibilidade do Juiz, como no caso do calendário processual.

De outro lado, o papel do Juiz de *incentivador* dos negócios jurídicos processuais decorre do dever do Estado de promover a solução consensual dos conflitos, conforme disposição do artigo 3º, §2º do CPC/2015: *"O Estado promoverá, sempre que possível, a solução consensual dos conflitos"*[93].

Este papel do Juiz tem maior relevância para os negócios jurídicos celebrados após o ajuizamento do processo e dependerá da conscientização do magistrado a respeito das contribuições que esses negócios podem trazer para o bom andamento do processo e, até mesmo, do próprio Poder Judiciário.

6.2. Os Negócios Jurídicos Processuais com Eficácia Condicionada à Homologação

A doutrina majoritária entende que os negócios jurídicos processuais não dependem de homologação judicial prévia, excetuados os casos em que a homologação prévia for expressamente prevista em Lei. Este entendimento decorre da interpretação do artigo 200 do CPC/2015, que dispõe que *"os atos das partes consistentes em declarações unilaterais ou bilaterais de vontade produzem imediatamente a constituição, modificação ou extinção de direitos processuais"*.

Nesse sentido, o Fórum Permanente de Processualistas Civis estabeleceu seu Enunciado 133: *"Salvo nos casos expressamente previstos em lei, os negócios processuais do art. 190 não dependem de homologação judicial"*.

---

[93] Nesse sentido, CABRAL, Antonio do Passo. **Convenções Processuais.** Salvador, JusPodivm, 2016, p. 227.

Às hipóteses expressamente previstas em lei, somam-se os negócios jurídicos processuais cuja eficácia as partes voluntariamente condicionarem à homologação judicial. Se, de um lado, a lei não prevê a necessidade de homologação de *todos* os negócios processuais, ela também não veda que as partes, por vontade própria, insiram tal condição nos negócios processuais que decidirem firmar.

6.3. A Jurisprudência Nacional em Formação

Por se tratar de um tema bastante recente, existe ainda um número relativamente pequeno de precedentes jurisprudenciais discutindo a fundo os negócios jurídicos processuais. Além disso, como é comum quando há uma alteração legislativa significativa, a jurisprudência a respeito dos negócios processuais ainda é errante e carece de amadurecimento, o que certamente ocorrerá com o passar do tempo.

Já existem, no entanto, exemplos bastante positivos do uso das ferramentas possibilitadas pelo negócio jurídico processual, sobretudo no tocante à flexibilização de prazos, à calendarização do processo e à perícia e ao saneamento consensuais.

Nesse sentido, destaca-se o seguinte precedente do Tribunal de Justiça do Rio Grande do Sul, que reformou decisão de primeira instância que havia declarado a intempestividade da contestação apresentada pela Ré. No caso, o Tribunal considerou válido o negócio processual firmado entre as partes para suspender o início do prazo para contestar até a realização de uma segunda audiência de conciliação e *anulou a sentença proferida em desrespeito a referido negócio processual*. Confira-se:

> Percebe-se, então, que as partes acordaram a realização de nova audiência de conciliação, sendo que o prazo para contestar somente correria a partir dessa nova solenidade.
>
> Nesse ponto, convém lembrar que o CPC permitiu, em seu art. 190, às partes a realização de negócios processuais a fim de adaptar o procedimento às especificidades do caso, privilegiando, segundo a norma fundamental do art. 3º, parágrafo 4º, a utilização de métodos alternativos de resolução de conflitos, como a conciliação.
>
> Dessa forma, plenamente válido – e em consonância com o espírito do novo diploma processual – o ajuste firmado pelas partes para nova tentativa de

conciliação, correndo o prazo defensivo somente a partir dessa segunda audiência.

Ocorre que tal segunda audiência não foi marcada.

Ou seja, o processo tramitou sem observância ao definido na primeira audiência de conciliação, em violação ao negócio processual válido entabulado pelas partes em juízo.

Com efeito, após a realização dessa primeira audiência de conciliação, a ré Gnatus apresentou contestação (fls. 55-97), havendo, em seguida, a certificação do decurso do prazo contestacional sem apresentação de defesa pela ré [...].

Ora, não houve a realização da segunda audiência de conciliação, de modo que o prazo para contestação não havia começado a correr [...].

Tal equívoco, contudo, não foi corrigido no decorrer do procedimento.
[...]
Mostra-se, então, cristalino o *error in procedendo* do juízo de origem, ao conduzir o processo em manifesta contradição ao previsto na audiência de conciliação, violando negócio processual válido firmado pelas partes em juízo.[94]

Já existem, também, precedentes apontando *a limitação do escopo da fiscalização do Juiz*, preservando o negócio jurídico processual:

> Tratando-se de negócio jurídico processual validamente realizado, não é facultado ao juiz imiscuir-se na aplicação das disposições acordadas, de modo que o seu convencimento acerca da boa-fé da parte executada não afasta a incidência da multa de 100% fixada em caso de descumprimento do pacto.[95]

Por outro lado, há precedentes que demonstram verdadeiro preconceito do Poder Judiciário em relação aos negócios jurídicos processuais

---

[94] BRASIL, Tribunal de Justiça do Estado do Rio Grande do Sul. **Apelação nº 0313361-11.2017.8.21.7000**, Relator Desembargador Paulo Sergio Scarparo, Décima Sexta Câmara Cível, julgado em 26.10.2017.

[95] BRASIL, Tribunal Regional do Trabalho da 6ª Região. **Agravo de Petição nº 0000853-94.2015.5.06.0291**, Relator Juiz Convocado Antônio Wanderley Martins, Quarta Turma, julgado em 8.6.2017.

e desconhecimento das circunstâncias econômicas que justificam o seu uso em um contrato.

Um acórdão recente do Tribunal de Justiça do Estado de São Paulo traz um exemplo preocupante. Em um contrato de locação de imóvel comercial entre duas pessoas físicas, as partes previram negócio jurídico que visava a facilitar a desocupação do imóvel em caso de não pagamento dos alugueis, dispensando a prestação de caução pelo locador.

O acórdão invalidou o negócio processual celebrado, por **(a)** entender que o negócio processual nele contido trazia vantagens processuais apenas ao locador e **(b)** presumir que o contrato de locação, *"na prática cotidiana"*, seria *"verdadeiro contrato firmado na modalidade adesiva"*.

Destaca-se, a seguir, os principais trechos do mencionado acórdão:

AÇÃO DE DESPEJO POR FALTA DE PAGAMENTO – NEGÓCIO JURÍDICO PROCESSUAL – INOBSERVÂNCIA DA BOA-FÉ –RELAÇÃO JURÍDICA DIAGONAL

Cláusula que previu o "negócio jurídico processual" que se limitou a prever benefícios ao locador, como a redução dos prazos, desocupação do imóvel de forma imediata e sem garantia, recursos apenas com efeito devolutivo e custeio de eventuais provas sempre pelo locatário, a quem não foi prevista qualquer garantia ou vantagem. Em verdade, não se configurou negócio processual fruto de autonomia de vontades, mas sim de um modo de afastar a aplicação da lei específica quando esta se mostrava desfavorável ao autor da ação de despejo ou credor dos respectivos alugueis. Cláusula que dispensa o dever de prestar caução para fins de liminar que deve ser afastada. Declaração de invalidade que pode ser feita de ofício pelo julgador.
[...]
Aduziu o recorrente [...] que o contrato em questão não possui qualquer garantia, sendo que o próprio locatário anuiu com a cláusula que autoriza a imediata desocupação, tratando-se de convenção processual autorizada pelo novo Código, devendo ser observada pelo julgador.
[...]
Observa-se, entretanto, que o mesmo artigo que autoriza a realização do negócio jurídico processual, também autoriza que o magistrado controle sua validade [...]. Para tanto, poderá fundamentar o afastamento da cláusula quando houver inserção abusiva em contrato de adesão ou quando alguma parte se encontre em situação de vulnerabilidade. É o caso destes autos.

O contrato foi firmado entre pessoas físicas para fins de locação de imóvel comercial. Muito embora aparentemente as partes estejam em situação de equivalência, igualdade, horizontalidade, a prática cotidiana demonstra que não é esta a relação travada entre locadores e locatários. Trata-se de verdadeiro contrato firmado na modalidade adesiva, no qual cabe ao locatário simplesmente aceitar ou não as cláusulas do pacto firmado pelo locador. Ademais, aquele que não é proprietário de imóvel deve se submeter às condições do mercado e dos locadores, em regra com maior poder econômico e aconselhamento jurídico, inclusive.

[...]

Nota-se, inclusive, que especificamente no caso dos autos a cláusula que previu o "negócio jurídico processual" limitou-se a prever benefícios ao locador, como a redução dos prazos, desocupação do imóvel de forma imediata e sem garantia, recursos apenas com efeito devolutivo e custeio de eventuais provas sempre pelo locatário, a quem não foi prevista qualquer garantia ou vantagem.[96]

Ao assim decidir, o Tribunal, *data maxima venia*, na tentativa de sanar suposto desequilíbrio entre os contratantes, pode ter sido, ele próprio, o causador do aventado desequilíbrio contratual.

Primeiro, porque não é razoável invocar simplesmente a *"prática cotidiana"* para afirmar que se trataria de um contrato de adesão.

Segundo, porque, ainda que se tratasse de contrato de adesão, tal fato não seria suficiente, por si só, para invalidar o negócio processual ali contido, como discutido no item 3.6 deste trabalho.

Terceiro, porque, ao invalidar por inteiro o negócio jurídico processual inserido no contrato firmado entre as partes, o Tribunal jogou por terra as bases da negociação contratual. Nesse sentido, a principal crítica do acórdão ao negócio processual firmado entre as partes é a de que ao locatário *"não foi prevista qualquer garantia ou vantagem"* processual.

É interessante mencionar, neste ponto, a lição de Cabral:

[...] não se pode imaginar que todos os poderes processuais sejam simétricos, e que qualquer posição jurídica que não representasse um 'espelho' das

---

[96] Brasil, Tribunal de Justiça do Estado de São Paulo, **Agravo de Instrumento nº 2233478-88.2017.8.26.0000**, Relatora Desembargadora Maria Lúcia Pizzotti, 30ª Câmara de Direito Privado, julgado em 21.3.2018.

alternativas da contraparte fosse considerada inválida. O poder de barganha e negociação de cada indivíduo é resultante de variáveis diversas [...].
[...]
Então, é possível que, em um determinado acordo processual, uma parte disponha de suas situações processuais de maneira mais aguda que a outra; é imaginável que as concessões recíprocas, próprias de qualquer negociação, não sejam totalmente idênticas ou na mesma intensidade. Portanto, embora alguma proporcionalidade entre ganhos e perdas deva ser garantida como regra, é viável que apenas um dos sujeitos renuncie a situações de vantagem (acordos unilaterais). Esta assimetria, por si só, não leva à invalidade da convenção.[97]

Às palavras acima, pode-se acrescentar que eventual assimetria promovida por um negócio processual pode ser compensada por uma questão de direito material, como endereçado pelo item 5.1 deste trabalho.

No caso em análise, o acórdão ignorou por completo que a vantagem ao locatário em casos como aquele pode ser de natureza material, como, por exemplo, o pagamento de um aluguel mais barato ou a dispensa de fiadores, já que o negócio jurídico processual garantiria ao locador um despejo mais rápido e, consequentemente, um menor tempo de vacância do imóvel em caso de inadimplemento do locatário.

Parece ter sido justamente esse o caso do contrato submetido à apreciação do acórdão, que relata que o locador *"ressaltou que o contrato em questão não possui qualquer garantia"*, ao contrário do que se verifica na maioria dos contratos de locação – especialmente quando firmados, de fato, *"na modalidade adesiva.*

Exemplos como o acima relatado preocupam porque o sucesso do negócio jurídico processual como ferramenta de suporte à revisão de contratos incompletos depende fortemente do respeito, pelos Tribunais, às disposições negociadas pelas partes. Como visto nos capítulos anteriores, o negócio jurídico processual pode se prestar a reduzir os custos de transação e, consequentemente, o preço do(s) bem(ns) negociados no contrato, em lógica similar à do uso de garantias.

---

[97] CABRAL, Antonio do Passo. **Convenções Processuais**. Salvador, JusPodivm, 2016, pp. 321/322.

Ninguém cogitaria a invalidade da garantia porque ela supostamente traria benefícios apenas ao credor. Nesse contexto, reafirma-se que o negócio jurídico processual funciona como uma garantia: um vendedor poderá ofertar seu produto a um preço mais baixo se ele puder garantir que a execução judicial do contrato, em caso de inadimplemento, será mais rápida. Um contrato de empreitada será mais barato se as partes souberem que eventual prova pericial será conduzida por um perito da confiança de ambas, por um preço X, em vez de um perito desconhecido, por um preço 3X.

RONALD COASE[98], já na primeira metade do Século XX, apontava que a legislação, ao estimular os contratos privados, reduz os custos de transação. A insegurança jurídica gera um custo que as partes levam em consideração (e precificam) ao contratar. Ignorar esse fato significa ignorar a lógica econômica que permeia as relações comerciais.

Daí a importância de os Tribunais se conscientizarem do escopo restrito que a análise da *validade* dos negócios jurídicos processuais deve ter. Repita-se: não cabe aos Tribunais avaliar a *conveniência* desses negócios e tampouco se basear em presunções e supostas *verdades universais* para os considerar inválidos, provocando o desequilíbrio econômico do contrato.

6.4. A Recorribilidade das Decisões que Neguem Eficácia ou Reconheçam a Invalidade dos Negócios Jurídicos Processuais

No capítulo introdutório deste trabalho apontou-se a intenção do CPC/2015 de criar soluções que permitam uma prestação jurisdicional mais rápida. A figura do negócio jurídico processual foi uma das soluções propostas pelo CPC/2015. Outra foi a previsão de um rol limitado de hipóteses de cabimento de agravo de instrumento, em seu artigo 1.015[99], com o intuito de reduzir a enorme quantidade de agravos de instrumento que se interpunha na vigência do CPC/1973.

---

[98] COASE, Ronald. **The Nature of the Firm.** *In* Economica, New Series, vol. 4, n. 16, nov. 1937.

[99] "Art. 1.015. Cabe agravo de instrumento contra as decisões interlocutórias que versarem sobre:
I – tutelas provisórias;
II – mérito do processo;
III – rejeição da alegação de convenção de arbitragem;

Os remédios para as hipóteses em que o agravo de instrumento não é cabível são **(a)** a impetração de mandado de segurança e **(b)** a renovação da questão em preliminar de apelação ou das contrarrazões de apelação, nos termos do art. 1.009, §1º do CPC/2015[100].

Referida limitação ao uso do agravo de instrumento tem sido objeto de profundas críticas por parte da doutrina, sobretudo porque sua eficácia como ferramenta de aceleração da prestação jurisdicional é bastante questionável.

Primeiro, porque termina por estimular o uso do mandado de segurança como medida alternativa ao agravo de instrumento, congestionando os Tribunais da mesma forma que ocorria na vigência do CPC/1973.

Segundo, porque há várias situações não previstas pelo artigo 1.015 do CPC/2015 em que o manejo de agravo de instrumento, longe de prolongar o processo, pode evitar a anulação da sentença, indiretamente promovendo maior celeridade à tramitação do processo. É o caso, por exemplo, do agravo de instrumento interposto contra decisão que indefere a produção de prova requerida por uma das partes, cerceando-lhe o direito de defesa, ou daquele interposto contra decisão relacionada à competência.

A limitação ao uso do agravo de instrumento tem se mostrado tão polêmica que a questão foi submetida à Corte Especial do Superior

---

IV – incidente de desconsideração da personalidade jurídica;
V – rejeição do pedido de gratuidade da justiça ou acolhimento do pedido de sua revogação;
VI – exibição ou posse de documento ou coisa;
VII – exclusão de litisconsorte;
VIII – rejeição do pedido de limitação do litisconsórcio;
IX – admissão ou inadmissão de intervenção de terceiros;
X – concessão, modificação ou revogação do efeito suspensivo aos embargos à execução;
XI – redistribuição do ônus da prova nos termos do art. 373, § 1º;
XII – (VETADO);
XIII – outros casos expressamente referidos em lei.
Parágrafo único. Também caberá agravo de instrumento contra decisões interlocutórias proferidas na fase de liquidação de sentença ou de cumprimento de sentença, no processo de execução e no processo de inventário."

[100] "Art. 1.009. Da sentença cabe apelação.
§ 1º As questões resolvidas na fase de conhecimento, se a decisão a seu respeito não comportar agravo de instrumento, não são cobertas pela preclusão e devem ser suscitadas em preliminar de apelação, eventualmente interposta contra a decisão final, ou nas contrarrazões."

Tribunal de Justiça, na modalidade de recurso repetitivo[101]. A Defensoria Pública da União e a Procuradoria Geral da República manifestaram-se, naqueles autos, pela possibilidade de interpretação extensiva do rol do artigo 1.015 do CPC/2015 para admitir a interposição de agravo de instrumento contra decisões que versem sobre hipóteses não expressamente previstas nos incisos do referido artigo.

O julgamento dos recursos especiais representativos da controvérsia foi concluído em dezembro de 2018, sagrando-se vencedora a posição da Ministra Nancy Andrighi, que proferiu voto adotando a tese de *taxatividade mitigada* do rol do artigo 1.015 do CPC/2015, de modo a possibilitar a recorribilidade imediata de decisões interlocutórias em caráter excepcional e desde que preenchido o requisito de urgência:

> A partir de requisito objetivo – a urgência que decorre da inutilidade futura do julgamento do recurso da apelação – possibilitar a recorribilidade imediata de decisões interlocutórias fora da lista do 1.015, sempre em caráter excepcional e desde que preenchido o requisito urgência, independentemente do uso da interpretação extensiva ou analógica, porque como demonstrado, nem mesmo essas técnicas hermenêuticas são suficientes para abarcar todas as situações.[102]

Longe de ser unânime, a posição da Ministra Nancy Andrighi prevaleceu por maioria de votos: sete votos a cinco. O placar apertado anuncia que, apesar do pronunciamento da Corte Especial do Superior Tribunal de Justiça, o tema ainda ensejará muitas discussões nos Tribunais.

Embora não caiba discutir, aqui, a natureza taxativa, exemplificativa ou *de taxatividade mitigada* do rol do art. 1.015 do CPC/2015, vale registrar que o entendimento recente da Corte Especial do Superior Tribunal de Justiça corrobora, ao menos em parte, a corrente doutrinária favorável ao cabimento de agravo de instrumento contra decisão que negue eficácia ou validade a negócio jurídico processual.

FREDIE DIDIER e LEONARDO CUNHA defendem que a hipótese trazida pelo inciso III do referido artigo 1.015, que trata da alegação de convenção de arbitragem – que é um negócio processual –, pode ser

---

[101] Tema Repetitivo 988, Recursos Especiais nºs 1.696.396/MT e 1.704.520/MT.
[102] BRASIL, Superior Tribunal de Justiça. **Recursos Especiais nº REsp 1.696.396/MT e 1.704.520/MT**, Relatora Ministra Nancy Andrighi, Corte Especial, julgados em 5.12.2018.

interpretada extensivamente para permitir o cabimento de agravo de instrumento contra decisão que negue eficácia ou não homologue qualquer negócio processual:

> Convenção de arbitragem é um negócio processual. A decisão que a rejeita é decisão que nega eficácia a um negócio processual. A eleição de foro também é um negócio processual. Como vimos, a decisão que nega eficácia a uma cláusula de eleição de foro é impugnável por agravo de instrumento, em razão da interpretação extensiva. Pode-se ampliar essa interpretação a todas as decisões que negam eficácia ou não homologam negócio jurídico processual – seriam, também por extensão, agraváveis.[103]

Até o momento é difícil identificar uma tendência dos Tribunais de segunda instância a respeito do cabimento de agravo de instrumento contra decisão que negue eficácia ou validade a negócio jurídico processual. De qualquer forma, vale registrar a existência de acórdãos admitindo agravos de instrumento manejados contra decisões tratando da validade de negócio processual – e isso antes mesmo do julgamento dos recursos repetitivos pelo Superior Tribunal de Justiça. É justamente o caso do acórdão do TJSP relatado no item 6.3, acima, que, embora tenha fornecido solução questionável quanto à validade do negócio processual, admitiu o agravo de instrumento que dele tratava.

Nesse contexto, embora não se ignore a possível resistência de alguns Tribunais, é possível concluir que, a prevalecer o entendimento atual da Corte Especial do Superior Tribunal de Justiça, as decisões que neguem eficácia ou reconheçam a invalidade de negócios processuais serão recorríveis pela via do agravo de instrumento, ao menos nas *"situações que não possam aguardar rediscussão em futura apelação"* dada a *"inutilidade do julgamento diferido se a impugnação for ofertada apenas conjuntamente ao recurso contra o mérito, ao final do processo"*, nos termos do voto proferido pela Ministra Nancy Andrighi.

Note-se, aqui, que o *periculum in mora* diz respeito ao objeto do agravo de instrumento (no caso, o negócio processual), e não ao objeto do pro-

---

[103] DIDIER JR., Fredie; CUNHA, Leonardo Carneiro da. **Agravo de instrumento contra decisão que versa sobre competência e a decisão que nega eficácia a negócio jurídico processual na fase de conhecimento: uma interpretação sobre o agravo de instrumento previsto no CPC/2015.** *In* Revista de Processo, v. 40, n. 242, abr. 2015, São Paulo, p. 287.

cesso ou ao direito material discutido pelas partes. Em outras palavras, se o negócio processual cuja eficácia e/ou validade for negada por decisão judicial deveria produzir efeitos *antes* da prolação da sentença – como, por exemplo, no caso do negócio processual que estabelece a escolha consensual de perito ou a distribuição diversa do ônus da prova –, estar-se-á, ao menos em princípio, diante de uma decisão recorrível pela via do agravo de instrumento.

E diz-se "*em princípio*" porque, na prática, a confirmação da eficácia e/ou validade de determinados negócios processuais que deveriam produzir efeitos antes da prolação de sentença pode não ser urgente. Um exemplo disso seria o negócio processual que estabelece a distribuição das despesas processuais de forma distinta daquela prevista em lei (discutida no item 5.4.5 deste trabalho), desde que não dificulte ou inviabilize o exercício do direito de uma das partes. Ainda que um negócio processual dessa natureza deva produzir efeitos antes da prolação de sentença, ele não tem grande impacto sobre o processo em si, afastando-se, a princípio, o *periculum in mora*. Assim, parece possível que a decisão que lhe negar eficácia e/ou validade seja recorrida em apelação, ao final do processo.

Por outro lado, se o negócio processual cuja eficácia e/ou validade for negada por decisão judicial deveria produzir efeitos *após* a prolação da sentença – como no caso de negócios processuais aplicáveis às fases de liquidação e cumprimento de sentença –, parece mais apropriado que a decisão que lhe negar eficácia e/ou validade seja recorrida em apelação, dada a ausência de *periculum in mora*.

7. Conclusão

Os negócios processuais, embora não sejam uma novidade no processo civil brasileiro, ganharam uma dimensão absolutamente nova no CPC/2015, surgindo como uma solução para privilegiar a autonomia privada dos litigantes e combater a lentidão dos Tribunais brasileiros.
O novo Código, ao estipular uma cláusula geral para negócios processuais, introduziu um enorme campo para a contratualização do processo, permitindo sua customização para as especificidades de cada caso. A possibilidade de se inserir negócios processuais em contratos, antes da existência de qualquer litígio, introduziu uma nova esfera de negociação, trazendo reflexos importantes também ao direito contratual.
A experiência na fase inicial de vigência do CPC/2015 tem sido positiva no que diz respeito a negócios processuais menos complexos e, principalmente, firmados com a participação do juiz. Contudo, ainda há um espaço grande para a evolução dos negócios processuais inseridos em contratos.
Como discutido, contratos que sejam, cumulativamente, de longa duração, paritários e empresariais parecem ser o campo mais propício para o crescimento dos negócios processuais, na medida em que se espera uma menor interferência do Juiz no momento de verificação da validade desses negócios, permitindo-se maior prestígio à autonomia privada.
Os contratos de longa duração, por outro lado, são aqueles em que a teoria econômica do contrato incompleto ganha maior destaque, uma vez que sua vigência prolongada amplia os fatores que podem afetar as

obrigações dos contratantes e, consequentemente, impor a necessidade de readequação ou revisão dos termos contratuais.

Por essa razão, os negócios processuais mostram-se extremamente úteis a esses contratos, permitindo que as partes estipulem, desde logo, mudanças procedimentais que podem tornar a revisão judicial do contrato mais rápida e eficiente. Assim, a utilização de negócios processuais tem grande potencial de reduzir os custos de transação *ex post*, relativos à revisão do contrato pela via judicial. Em alguns casos, os negócios processuais podem, até mesmo, reduzir os custos de transação *ex ante*, já que, trazendo maior segurança a eventual revisão judicial, permitem que as partes poupem recursos com pesquisa, negociação e previsão de outros mecanismos de mitigação de riscos.

Assim, a celeridade e a eficiência promovidas pela figura do negócio jurídico processual têm dois reflexos principais: **(a)** a redução dos custos de transação; **(b)** o aumento da segurança jurídica, pois os negócios processuais têm o poder de mitigar os riscos decorrentes de fatores como a morosidade do Poder Judiciário, as várias possibilidades recursais, a eventual nomeação de peritos judiciais com pouca familiaridade com os assuntos discutidos em determinado caso, entre outros.

Ao permitir que eventual vantagem de ordem material seja balanceada por uma vantagem de ordem processual, os negócios jurídicos processuais apresentam um grande potencial enquanto ferramenta **(a)** de redução dos custos de transação e **(b)** de gestão e alocação de riscos e custos. Os negócios jurídicos processuais introduzem, dessa forma, uma nova esfera de negociação contratual.

Por fim, embora as partes de um litígio e/ou de um contrato sejam as grandes protagonistas dos negócios jurídicos processuais, não se pode ignorar que esses negócios terão impacto sobre a atividade do Juiz. Se o Juiz é o principal agente responsável pela condução do processo, quaisquer mudanças nele introduzidas pela vontade das partes afetará a sua atuação.

Portanto, para que o uso de negócios processuais seja bem-sucedido e ganhe a dimensão necessária para que seu impacto positivo seja percebido por todo o sistema judiciário, é imprescindível que os Tribunais estimulem o seu uso e atuem com cautela na verificação de sua validade.

Ao estimular a celebração de determinados negócios processuais, como o calendário processual, os Tribunais trarão benefícios não apenas

(a) às partes de um litígio, mas também **(b)** a eles próprios, permitindo um desafogamento das assessorias e dos cartórios e a redução dos "*tempos mortos*" dos processos judiciais e **(c)** aos demais litigantes cujos casos ali tramitarem, que também se beneficiarão das estruturas judiciais menos sobrecarregadas e que, com o tempo, conscientizar-se-ão da importância e da utilidade dos negócios processuais.

Por outro lado, a cautela na verificação da validade dos negócios jurídicos pelos Tribunais revela-se imprescindível ao sucesso dessa ferramenta. A invalidação dos negócios processuais deve ser uma exceção extrema, de modo a se privilegiar a autonomia privada e o *pacta sunt servanda*, o que é essencial para a percepção de aumento da segurança jurídica por meio do uso desses negócios.

8. Referências

AMARAL, Francisco. **Direito Civil – Introdução**, 8ª ed., São Paulo, Renovar, 2014.

AZEVEDO, Antonio Junqueira de. **Negócio jurídico – Existência, Validade e Eficácia**. 4ª ed., 6ª tiragem, São Paulo, Saraiva, 2008.

BUENO, Cassio Scarpinella. **Manual De Direito Processual Civil: Inteiramente Estruturado à Luz do Novo CPC**. São Paulo, Saraiva, 2015.

BUENO, Cassio Scarpinella. **Novo Código de Processo Civil Anotado**. São Paulo, Saraiva, 2015.

CABRAL, Antonio do Passo. **Convenções Processuais**. Salvador, JusPodivm, 2016.

CABRAL, Trícia Navarro Xavier. **Convenções em Matéria Processual**. *In* Revista de Processo, v. 40, n. 241, março/2015, São Paulo, pp. 489/517.

CADIET, Loïc. **Los acuerdos procesales en derecho francés: situación actual de la contratualización del proceso y de la justicia en Francia**, 2011. Disponível em "http://www.civilprocedurereview.com/busca/baixa_arquivo.php?id=59&embedded=true". Acesso em 18.4.2019.

CAMINHA, Uinie e LIMA, Juliana Cardoso. **Contrato incompleto: uma perspectiva entre direito e economia para contratos de longo termo**. *In* Revista Direito GV, vol. 19, pp. 155/199. Disponível em "http://direitosp.fgv.br/sites/direitosp.fgv.br/files/artigo-Edicao-revista/07-rev19_155-200_-_uinie_caminha.pdf". Acesso em 18.4.2019.

CINTRA, Antonio Carlos, GRINOVER, Ada Pellegrini e DINAMARCO, Cândido Rangel. **Teoria Geral do Processo**. 26ª ed., Malheiros, 2010.

COASE, Ronald. **The Nature of the Firm**. *In* Economica, New Series, vol. 4, n. 16, nov. 1937. Disponível em "http://links.jstor.org/sici?sici=00130427%28193711%292 %3A4%3A16%3C386%3ATNOTF%3E2.0.CO%3B2-B". Acesso em 18.4.2019.

CONSELHO NACIONAL DE JUSTIÇA, **Relatório Justiça em Números 2017 (ano-base 2016)**. Disponível em "http://www.cnj.jus.br/files/conteudo/arquivo/2017/ 12/b60a659e5d5cb79337945c1dd137496c.pdf ". Acesso em 18.4.2019.

DAVIS, Kevin E. e HERSHKOFF, Helen. **Contracting for Procedure**. *In* William & Mary Law Review, vol. 53, n. 2, 2011, NYU School of Law, Public Law Research Paper No. 11-51. Disponível em "http://ssrn.com/abstract=1892914". Acesso em 18.4.2019.

DIDIER JR. Fredie. **Curso de Direito Processual Civil: Introdução ao Direito Processual Civil, Parte Geral e Processo de Conhecimento**. Salvador, Jus Podivm, 17ª ed., 2015.

DIDIER JR., Fredie. **Negócios jurídicos processuais atípicos no CPC-2015**. *In* Revista Brasileira da Advocacia, vol. 1, São Paulo, RT, 2016, pp. 59/86.

DIDIER JR., Fredie; CUNHA, Leonardo Carneiro da. **Agravo de instrumento contra decisão que versa sobre competência e a decisão que nega eficácia a negócio jurídico processual na fase de conhecimento: uma interpretação sobre o agravo de instrumento previsto no CPC/2015**. *In* Revista de Processo, v. 40, n. 242, abr. 2015, São Paulo, pp. 273/288.

DINIZ, Maria Helena. **Curso de Direito Civil Brasileiro: Teoria Geral do Direito**, vol. 1, São Paulo, Saraiva, 2002.

ESCOLA NACIONAL DE FORMAÇÃO E APERFEIÇOAMENTO DOS MAGISTRADOS (ENFAM). **Seminário – O Poder Judiciário e o Novo Código de Processo Civil – Enunciados Aprovados**. Brasília, 2015. Disponível em: "https://www.enfam.jus.br/wp-content/uploads/2015/09/ENUNCIADOS-VERSÃO-DEFINITIVA-.PDF". Acesso em 18.4.2019.

FÓRUM DE DEBATES E ENUNCIADOS SOBRE O NOVO CÓDIGO DE PROCESSO CIVIL DO TRIBUNAL DE JUSTIÇA DO ESTADO DE MINAS GERAIS. **Enunciados sobre o Código de Processo Civil/2015**. Belo Horizonte, 2016. Disponível em "http://ejef.tjmg.jus.br/enunciados-sobre-o-codigo-de-processo-civil2015/". Acesso em 18.4.2019.

FÓRUM PERMANENTE DE PROCESSUALISTAS CIVIS. **Carta de Florianópolis – Enunciados do Fórum Permanente de Processualistas Civis**. Florianópolis, 2017. Disponível em "https://www.dropbox.com/s/i4n5ngh49y1blf4/Carta%20de%20Florian %C3%B3polis.pdf?dl=0". Acesso em 18.4.2019.

REFERÊNCIAS

FUNDAÇÃO GETÚLIO VARGAS. **Análise da Gestão e Funcionamento dos Cartórios Judiciais**, São Paulo, junho de 2007. Disponível em "https:// www.conjur.com.br/dl/pesquisacartorios.pdf". Acesso em 18.4.2019.

FUNDAÇÃO GETÚLIO VARGAS, **Relatório ICJBrasil, 1º semestre/2017**. Disponível em "http://bibliotecadigital.fgv.br/dspace/bitstream/handle/10438/19034/Relatorio-ICJBrasil_1_sem_2017.pdf?sequence=1&isAllowed=y". Acesso em 18.4.2019.

GAJARDONI, Fernando da Fonseca. **Negócio jurídico processual em contrato de consumo: possibilidade**. *In* Jornal Carta Forense, Janeiro/2018. Disponível em "http://www.cartaforense.com.br/conteudo/artigos/negocio-juridico-processual-em-contratos-de-consumo-possibilidade/18035". Acesso em 18.4.2019.

GODINHO, Robson Renault. **A autonomia das partes e os poderes do juiz entre o privatismo e o publicismo do processo civil brasileiro**. *In* Civil Procedure Review, v. 4, n.1, 36-86, jan-abr, 2013. Disponível em "http://www.civilprocedurereview.com/ busca/baixa_arquivo.php?id=67&embedded=trtr". Acesso em 18.4.2019.

GRINOVER, Ada Pellegrini *et al*. **Código Brasileiro de Defesa do Consumidor – Comentado pelos Autores do Anteprojeto**. Rio de Janeiro, Forense, 2004.

HART, Oliver e MOORE, John. **Foundations of Incomplete Contracts. In Review of Economic Studies**, v. 66, 1999, pp. 115/138.

MARINONI, Luiz Guilherme; ARENHART, Sérgio Cruz; e MITIDIERO, Daniel (org). **Novo Código De Processo Civil Comentado**, São Paulo, RT, 2016. Edição eletrônica.

MARINONI, Luiz Guilherme; ARENHART, Sérgio Cruz; e MITIDIERO, Daniel. **Novo Curso de Processo Civil**, vol. 1, 3ª ed., São Paulo, RT, 2017. Edição eletrônica.

NERY, Carmen Lígia Barreto de Andrade Fernandes. **O Negócio Jurídico Processual como Fenômeno da Experiência Jurídica – Uma Proposta de Leitura Constitucional Adequada da Autonomia Privada em Processo Civil**. Tese de doutorado, PUC-SP, São Paulo, 2016. Disponível em "https://tede2.pucsp.br/bitstream/handle/19840/2/Carmen%20L%C3%ADgia%20Barreto%20de%20Andrade%20Fernandes%20Nery.pdf". Acesso em 13.4.2019.

NERY JR., Nelson e NERY, Rosa Maria de Andrade. **Código Civil Comentado**, 11ª ed., São Paulo, RT, 2014.

OMAN, Nathan B. **Markets as a Moral Foundation for Contract Law**. *In* Iowa Law Review, vol. 98, 2012, pp. 183/230. Disponível em "https://scholarship.law.wm.edu/cgi/viewcontent.cgi?article=2391&context=facpubs". Acesso em 18.4.2019.

PEREIRA, Caio Mário da Silva. **Instituições de Direito Civil – Contratos**, vol. 3, 11ª ed., Rio de Janeiro, Forense, 2003.

REBOUÇAS, Rodrigo Fernandes. **Os princípios e os institutos de direito civil**, Rio de Janeiro, Lumen Juris, 2015.

REBOUÇAS, Rodrigo Fernandes. **Contrato Eletrônico – Considerações sob a ótica do plano de validade do negócio jurídico na formação do contrato**. Dissertação de mestrado, PUC-SP, São Paulo, 2012. Disponível em "https://tede2.pucsp.br/bitstream/handle/6026/1/Rodrigo%20Fernandes%20Reboucas.pdf". Acesso em 13.4.2019.

REDONDO, Bruno Garcia e MÜLLER, Julio Guilherme. **Negócios Processuais Relativos a Honorários Advocatícios**. *In* Revista Eletrônica de Direito Processual da UERJ, vol. 16, pp. 58/76. Disponível em "https://www.e-publicacoes.uerj.br/index.php/redp/article/view/19961/14301". Acesso em 18.4.2019.

ROPPO, Enzo. **O Contrato**, Coimbra, Almedina, 2009.

STRENGER, Irineu. **Da Autonomia da Vontade**, 2ª ed., São Paulo, LTR, 2000.

SZTAJN, Rachel. **A Incompletude do Contrato de Sociedade**. *In* Revista da Faculdade de Direito da Universidade de São Paulo, vol. 99, pp. 283/302.

SZTAJN, Rachel. **Sociedades e Contratos Incompletos**. *In* Revista da Faculdade de Direito da Universidade de São Paulo, vol. 101, pp. 171/179.

SZTAJN, Rachel. **Supply Chain e Incompletude Contratual**. *In* Systemas – Revista de Ciências Jurídicas e Econômicas, vol. 1, pp. 25/26.

TALAMINI, Eduardo. **Um Processo pra chamar de seu: nota sobre os negócios jurídicos processuais**. *In* Migalhas, 21 de outubro de 2015. Disponível em "http://www.migalhas.com.br/arquivos/2015/10/art20151020-17.pdf". Acesso em 18.4.2019.

TARTUCE, Fernanda. **Vulnerabilidade processual no novo CPC**. Disponível em "http://www.fernandatartuce.com.br/wp-content/uploads/2016/01/Vulnerabilidade-no-NCPC.pdf". Acesso em 18.4.2019.

TARTUCE, Flávio. *Direito Civil*: **Teoria Geral dos Contratos e Contratos em Espécie**, vol. 3, 9ª ed., São Paulo, Método, 2014. Edição eletrônica.

TARTUCE, Flávio. **Negócio jurídico processual em contrato de consumo: posição contrária**. *In* Jornal Carta Forense, Janeiro/2018. Disponível em "http://www.cartaforense.com.br/conteudo/artigos/negocio-juridico-processual-em-contrato-de-consumo-posicao-contraria/18034". Acesso em 18.4.2019.

TIROLE, Jean. Incomplete Contracts: Where Do We Stand?. *In* Econometrica, vol. 67, pp. 741/781. Disponível em "https://edisciplinas.usp.br/pluginfile.php/ 1601047/mod_resource/content/1/tirole.pdf". Acesso em 18.4.2019.

U.S. Department Of Justice, **Civil Rights Complaints in U.S. District Courts**, 1990-2006, agosto/2008. Disponível em "https://www.bjs.gov/content/pub/pdf/ crcusdc06.pdf". Acesso em 18.4.2019.

VENOSA, Silvio de Salvo. **Direito Civil: Teoria Geral das Obrigações e Teoria Geral dos Contratos**, v. 2, São Paulo, Atlas, 2003.

WALD, Arnoldo. **Direito Civil: Direito das Obrigações e Teoria Geral dos Contratos**, 18ª ed., São Paulo, Saraiva, 2009.

WAMBIER, Luiz Rodrigues e WAMBIER, Teresa Arruda Alvim. **Temas Essenciais do Novo CPC**. São Paulo, RT, 2016.

WAMBIER, Teresa Arruda Alvim *et al.* **Primeiros comentários ao Novo Código de Processo Civil – artigo por artigo**. São Paulo, RT, 2015.

WEIDEMER, W. Mark C. **Customized Procedure in Theory and Reality**. *In* Washington and Lee Law Review, vol. 72, 2015, pp. 1865/1943. Disponível em "http://scholarlycommons.law.wlu.edu/cgi/viewcontent.cgi?article=4479&context=wlulr". Acesso em 18.4.2019.

YARSHELL, Flávio Luiz. **Convenção das partes em matéria processual: rumo a uma nova era?**. *In* Negócios Processuais, Coleção Grandes Temas do Novo CPC. Coord. Antonio do P. Cabral e Pedro H. Nogueira. Salvador, JusPodivm, 2015, pp. 63/80.

9. Referências Complementares

ALMEIDA, Diogo Assumpção Rezende de. **A contratualização do processo: as convenções processuais no processo civil.** São Paulo, LTR, 2015.

BUENO, Cassio Scarpinella. **Manual de direito processual civil: inteiramente estruturado à luz do novo CPC – Lei n. 13.105, de 16-3-2015.** São Paulo, Saraiva, 2015.

CAPONI, Remo. **Autonomia privada e processo civil: os acordos processuais.** *In* Revista Eletrônica de Direito Processual, vol. XIII, Universidade Estadual do Rio de Janeiro, Rio de Janeiro, pp. 733/749.

CARMONA, Carlos Alberto. **Arbitragem e processo – Um comentário à Lei nº 9.307/96.** 3ª ed., São Paulo, Atlas, 2009.

CUNHA, Leonardo Carneiro. **Negócios jurídicos processuais no processo civil brasileiro.** *In* Negócios Processuais, Coleção Grandes Temas do Novo CPC. Coord. Antonio do P. Cabral e Pedro H. Nogueira. Salvador, Jus Podivm, 2015, pp. 27/62.

DI SPIRITO, Marco Paulo Denucci. **Controle de formação e controle de conteúdo do negócio jurídico processual.** *In* Revista de Direito Privado, vol. 63, ano 16, jul-set. 2015, São Paulo, RT, pp. 125/193.

DIDIER JR., Fredie. **Princípio do respeito ao autorregramento da vontade no Processo Civil.** *In* Negócios Processuais, Coleção Grandes Temas do Novo CPC. Coord. Antonio do P. Cabral e Pedro H. Nogueira. Salvador, JusPodivm, 2015, pp. 19/26.

KERN, Christoph A. **Procedural Contracts in Germany.** *In* Negócios Processuais, Coleção Grandes Temas do Novo CPC. Coord. Antonio do P. Cabral e Pedro H. Nogueira. Salvador, JusPodivm, 2015, pp. 179/192.

MACÊDO, Lucas Buril de; PEIXOTO, Ravi Medeiros de. **Negócio Processual acerca da Distribuição do Ônus da Prova**. *In* Revista de Processo. v. 40, n. 241, mar. 2015, São Paulo, pp. 463/516.

MEDINA, Jose Miguel Garcia. **Novo Código de Processo Civil comentado**. 4ª ed., São Paulo, revista dos Tribunais, 2016.

MOFFITT, Michael L. **Customized Litigation: The Case for Making Civil Procedure Negotiable**. *In* George Washington Law Review, vol. 75, 2007. Disponível em "http://ssrn.com/abstract=888221". Acesso em 18.4.2018.

MOREIRA, José Carlos Barbosa. **Convenção das partes sobre matéria processual**. *In* Temas de Direito Processual – 3ª série, São Paulo, Saraiva, 1984.

NERY JR., Nelson e NERY, Rosa Maria de Andrade. **Instituições de Direito Civil – Das obrigações, dos contratos e da responsabilidade civil**. 2ª ed, São Paulo, Revista dos Tribunais, 2015.

RIZZARDO, Arnaldo. **Contratos**. 13ª ed., Rio de Janeiro, Forense, 2013.

10. Legislação e Jurisprudência

BRASIL, Congresso Nacional, Senado Federal. **Anteprojeto do Novo Código de Processo Civil**, 2010.

BRASIL, Poder Judiciário do Estado do Rio Grande do Sul, **Processo nº 0005215-39.2017.8.21.0021**, Juíza Rossana Gelain, 1ª Vara Cível, decisão proferida em 13.3.2017.

BRASIL, Superior Tribunal de Justiça. **Recurso Especial nº 1.707.855/SP**, Relatora Ministra Nancy Andrighi, Quarta Turma, julgado em 20.2.2018.

BRASIL, Superior Tribunal de Justiça. **Recurso Especial nº 860.277/GO**, Relator Ministro Luis Felipe Salomão, Quarta Turma, julgado em 3.8.2010.

BRASIL, Superior Tribunal de Justiça. **Recursos Especiais nº REsp 1.696.396//MT e 1.704.520/MT**, Relatora Ministra Nancy Andrighi, Corte Especial, julgados em 5.12.2018.

BRASIL, Tribunal de Justiça do Distrito Federal e dos Territórios, **Apelação nº 0702077-73.2017.8.07.0001**, Relator Desembargador Luís Gustavo B. de Oliveira, 4ª Turma Cível, julgado em 18.8.2018.

BRASIL, Tribunal de Justiça do Estado de São Paulo, **Agravo de Instrumento nº 2233478-88.2017.8.26.0000**, Relatora Desembargadora Maria Lúcia Pizzotti, 30ª Câmara de Direito Privado, julgado em 21.3.2018.

BRASIL, Tribunal de Justiça do Estado do Rio Grande do Sul. **Apelação nº 0313361-11.2017.8.21.7000**, Relator Desembargador Paulo Sergio Scarparo, Décima Sexta Câmara Cível, julgado em 26.10.2017.

BRASIL, Tribunal Regional do Trabalho da 6ª Região. **Agravo de Petição nº 0000853-94.2015.5.06.0291**, Relator Juiz Convocado Antônio Wanderley Martins, Quarta Turma, julgado em 8.6.2017.

ÍNDICE

AGRADECIMENTOS	7
1. INTRODUÇÃO	13
2. PANORAMA DO NEGÓCIO JURÍDICO PROCESSUAL NO CÓDIGO DE PROCESSO CIVIL DE 2015	19
3. LIMITES E CONDIÇÕES PARA O NEGÓCIO JURÍDICO PROCESSUAL	23
4. O CONTRATO INCOMPLETO	47
5. O NEGÓCIO JURÍDICO PROCESSUAL COMO FERRAMENTA DE SUPORTE À REVISÃO CONTRATUAL	61
6. O PAPEL DOS TRIBUNAIS	91
7. CONCLUSÃO	105
8. REFERÊNCIAS	109
9. REFERÊNCIAS COMPLEMENTARES	115
10. LEGISLAÇÃO E JURISPRUDÊNCIA	117